歴史文化ライブラリー

66

三《さん》角《かく》縁《ぶち》神《しん》獣《じゅう》鏡《きょう》の時代

岡村秀典

吉川弘文館

目次

中国鏡にみる倭国の風景

いまをさかのぼる一八〇〇年前の日本列島について記録した『魏志』倭人伝。そこには倭王卑弥呼を戴く邪馬台国があり、二三九年、中国の魏に朝貢して金印のほか「銅鏡百枚」などを賜ったことが記されている。このころの倭にはまだ独自の文字記録はなかったが、さいわい『魏志』倭人伝をはじめとする中国の史書によって、倭の事情をうかがい知ることができる。しかし、海を隔てた遠い日本列島のこと、当時の漢人《かんひと》が入手した情報には限界があるのはやむをえないことである。このため邪馬台国の位置についてすら、行程の読み方に諸説あり、九州説や大和説などに分かれて定論がだせない状況にある。

このような文字の記録とは別に、過去の人びとがのこした遺跡や遺物という考古資料から当時の時代像が復元されている。そこでは弥生時代から古墳時代にいたる土器や墓の移りかわりが詳細に研究され、たとえば佐賀県吉野ヶ里遺跡の発掘によって『魏志』倭人伝にいう宮室・楼観・城柵のイメージを描くことが可能になった。しかし、三世紀の卑弥呼の時代は弥生時代か古墳時代か、あるいは「径百余歩」なる卑弥呼の墓が前方後円墳か否かというような問題となると、文字のない日本の考古資料には実年代を知る直接的な手がかりがないため、意見の一致をみることはむずかしい。中国の文献記録と日本の考古資料との対話は、けっして容易なことではないのである。

　ところがさいわいなことに、考古資料のなかでも中国の文物には、魏の年号をいれた三《さん》角縁神獣鏡《かくぶちしんじゅうきょう》のように、銘文から実年代がそのまま知られ、中国の文献記録と直接に照合できるものがある。また、漢・三国代の中国鏡は、ふつう二、三十年ていどの目盛りで製作の年代を決めることができる。このため、遺跡におけるその共存関係を手がかりに、弥生時代の実年代を推定し、中国の文献記録と間接的につきあわせることが可能であり、これまでも中国の史書と日本の考古資料との谷間を橋渡しするものとして研究されてきた。

　このような年代研究における意義もさることながら、漢・三国代の中国鏡からはもっと重要な歴史情報を引きだすことができる、とわたしは考えている。なぜなら、日本列島から出土する漢・三国代の中国鏡は、三角縁神獣鏡をふくめると、すでに一〇〇〇面近くに達し、その数字の多さから、倭人が異常なまでに鏡を求め、中国と頻繁に交流したことがうかがえるからである。結論からいえば、倭人が海を渡って国際社会の表舞台にはじめて躍りでた紀元前一世紀から紀元後三世紀の邪馬台国の時代まで、倭人は中国鏡に権威の象徴として至高の価値を付与し、はるばる海を越えて獲得した中国鏡を分配することによって政治的な秩序を構築していた。このおよそ三〇〇年間を「三角縁神獣鏡の時代」とかりに呼ぶが、それを時間を追って具体的にみていくことによって、倭国誕生の歴史的なプロセスを再構築することが本書にとりあげようとする第一の課題である。

　いっぽう、海のかなたから使いを送ってきた卑弥呼にたいして、魏は「銅鏡百枚」をはじめとする文物を賜与し、「還《かえ》り到れば録受《ろくじゅ》し、悉《ことごと》く以て汝《なんじ》（卑弥呼）が国中の人に示し、国家（魏）汝を哀《いつく》しむを知らしむべし。故に鄭重《ていちょう》に汝に好物を賜うなり」と命じている。つまり、倭人が国内の政治的支配のために一方的に中国鏡を求めたのではなく、また、こんにちの市場経済における商品のように鏡が流通したのではなく、それを贈与する中国王朝の側にも政治・外交上の動機があり、鏡そのものに東アジアの国際関係が象徴的に内包されているのである。中国をとりまく国際情勢を念頭におきながら、中国鏡にひそむその象徴性を考察すること、これが本書の第二の課題である。

時間を計るものさしとして、文献記録のばあいは実年代が用いられ、日本の考古資料のばあいは、弥生時代・古墳時代という相対的な時代区分がおこなわれている。本書では中国鏡を中心にとりあげるため、実年代を用いるとともに、独自の時期区分を設定することにしたい。すなわち、漢代四〇〇年間の鏡は、文様と銘文の流行の推移をもとに、およそ五〇年前後の目盛りでつぎのように大きく七期に区分する。

漢鏡1期（前二世紀前半、前漢前期）
漢鏡2期（前二世紀後半、前漢中期前半）
漢鏡3期（前一世紀前半から中ごろ、前漢中期後半から後期前半）
漢鏡4期（前一世紀後葉から一世紀はじめ、前漢末から王莽代）
漢鏡5期（一世紀中ごろから後半、後漢前期）
漢鏡6期（二世紀前半、後漢中期）
漢鏡7期（二世紀後半から三世紀はじめ、後漢後期）

これに三世紀の三角縁神獣鏡をはじめとする魏鏡を加え、都合、漢・三国代の中国鏡を八期に大別することにする。

日本考古学の時期区分をなるべく避けたのは、中国鏡と土器との確実な共伴関係が乏しく、それをあえて用いる必要がないこともあるが、むしろ中国の鏡と史書をもとに分析するとき、専門とする中国考古学の立場に徹してみるのが正当であり、説得力があると考えたからである。東アジアを視野にいれて日本の歴史を理解すべきことが主張されて久しい。しかし、これまでのように日本に視座をおいて東アジアをみる、あるいは日本の立場で中国文物をみるのではなく、逆にいちど一貫して中国に視座を据えて、中国鏡に倭国の風景を映しだしてみるのも大事なことではないだろうか。この試みの意図するところを酌んで、しばらく耳慣れない時期区分におつきあいいただければとおもう。

楽浪海中に倭人あり

「奴」と「伊都」の首長墓

倭人登場

前漢時代のことを記録した『漢書』地理志・燕地《えんち》に「楽浪《らくろう》海中に倭人あり。分かれて百余国となる。歳時をもって来たり献見すと云う」という記事がある。原文は漢字にしてわずか一九字、これが倭にかんするもっとも早い、確実な記録である。およそ紀元前一世紀ごろのことである。この楽浪とは、漢武帝が紀元前一〇八年に衛氏《えいし》の朝鮮国を滅ぼし、直接支配のために設置した朝鮮四郡のひとつ楽浪郡のことで、朝鮮半島の西北部、いまのピョンヤン（平壌）南郊にその役所跡がのこっている。この記事から、朝鮮半島の海を渡ったさきに倭人があり、一〇〇あまりの国に分かれ、漢の役所のある楽浪郡まで定期的に朝貢していたことがわかる。

倭と呼ばれた当時の日本列島のなかで、中国大陸や朝鮮半島にもっとも近い位置にあるのが、玄界灘に面した北部九州である。その沿岸部にひろがる唐津・糸島・福岡平野には、それぞれ末盧《まつら》国・伊都《いと》国・奴《な》国が所在し、邪馬台国への中継地であったことが、のちの『魏志』倭人伝にみえている。それでは、中国の記録にはじめて倭人が登場した紀元前一世紀、日本列島にはどのような前漢文物がもたらされたのだろうか。

須玖岡本遺跡　奴国の所在した福岡平野のほぼ中央、春日丘陵の先端にある春日市須玖《すく》岡本《おかもと》遺跡では、一八九九年、家屋建築のために大石を動かしたところ、その下の合わせ口甕棺《かめかん》から大量の遺物が出土した（D地点）。このときの出土品は祟《たた》りを恐れた村人によって近くに一括して埋められたが、しばらくしてそれが少しずつ採取されるようになり、多くは破損し散佚してしまった。その後、中山平次郎氏や京都大学などが実地調査と四散した遺物の追跡調査をおこない、甕棺の破片のほか、多数の遺物を収集した（梅原末治「須玖岡本発見の古鏡に就いて」『筑前須玖史前遺跡の研究』京都帝国大学文学部考古学研究報告第一一冊、一九三〇年）。このとき確認された出土品の内訳はつぎのとおりである。

銅鏡　三〇面以内、銅矛《どうほこ》　五（細形　四、中細形　一）、中細銅戈《どうか》　一、銅剣　二以上

（多樋式　一、中細形　二）、ガラス璧《へき》片　二、ガラス勾玉《まがたま》　一、ガラス管玉《くだたま》　一二

須玖岡本周辺の低地にひろがる弥生時代の集落跡では、青銅器や鉄器、ガラスの製作工房跡が発見され、一帯はあたかもテクノポリスのような様相が明らかになっている。また、D地点の所在する丘陵上には、弥生時代中期から後期の甕棺墓や土坑墓《どこうぼ》が分布し、近年の調査では、版築《はんちく》状の盛土をもった墳丘も確認されている。このような情況から、須玖岡本の一帯が「奴」の中心であり、傑出した副葬品をもつD地点はその首長墓《しゅちょうぼ》と考えられている（春日市教育委員会編『奴国の首都　須玖岡本遺跡』一九九四年）。

須玖岡本の鏡群　砕片となったD地点出土の銅鏡は、すべて漢代の中国鏡であり、中山平次郎氏は三三面もしくは三五面以上を推定し、梅原末治氏は三〇面をこえない鏡が復元できるとしている。この復元研究をもとに、わたしはつぎのように鏡の形式を同定する（拙稿「須玖岡本王墓の中国鏡」『奴国の首都　須玖岡本遺跡』一九九四年）。

草葉文鏡　三面
星雲文鏡　六面
重圏銘帯鏡　六面
連弧文銘帯鏡　六面

単圏銘帯鏡（日光鏡）　五面

形式の判別できるこの二六面のうち、草葉文鏡の三面が漢鏡2期（前二世紀第3四半期）に属す古い鏡であり、そのほかの星雲文鏡と各種の銘帯鏡の二三面はすべて漢鏡3期（前一世紀第2四半期）に属している。製作年代にはおよそ五〇年あまりの時間幅があるが、年代の新しい漢鏡3期の鏡がそのほとんどを占めるから、古い草葉文鏡の三面がなんらかの理由で伝世し、漢鏡3期の鏡群と一括で副葬されたものと考えられる。したがって、須玖岡本D地点墓の年代は、漢鏡3期を上限とする、およそ前一世紀中ごろに位置づけることができよう。

年代研究のほかに、つぎの二点が重要である。第一に、鏡の数がひじょうに多いことである。中国の漢墓では一人の埋葬につき一面の鏡を副葬するのがふつうで、王侯クラスの大型墓でもせいぜい二、三面である。これは中国では鏡が基本的に姿見の化粧道具として用いられたからである。D地点甕棺墓はおそらく一人だけの埋葬であるから、二六面以上という数は、個人の化粧道具とは別の、特別な意味があったものと考えられる。

第二に、特別な大型鏡がふくまれることである。ここから出土した草葉文鏡の三面は、いずれも復元径が二三チセンあまりで、この時期の漢鏡のなかでは突出した大きさである。中国出土の草葉文鏡をみると、その面径は平均一三・〇センチであり、径一〇～一四センチの間に集中する度数分布を示し、径一八センチを越える大型鏡はわずかである。ちなみに、須玖岡本D地点から出土したそのほかの形式では、星雲文鏡・重圏銘帯鏡・連弧文銘帯鏡が径一五～一七センチ、単圏銘帯鏡が径一〇センチ以下であり、面径によってこの鏡群は、径二〇センチを越える大型鏡、径一六センチ前後の中型鏡、径一〇センチ以下の小型鏡の三つに区分できよう。

大型草葉文鏡の性格

草葉文鏡は、前二世紀後半の前漢武帝期に流行した鏡である。須玖岡本D地点墓から出土した大型草葉文鏡の性格を検討するために、中国における径一八センチ以上の大型草葉文鏡の発掘例をみると、広陵王劉胥《りゅうしょ》またはその夫人を埋葬した江蘇省高郵神居山一号墓出土鏡（径二四センチ、天山一号漢墓陳列館資料）、山陽国または昌邑国の王族墓である山東省巨野紅土山墓出土鏡（径二一・三センチ、『考古学報』一九八三年四期）、中山王劉勝を埋葬した河北省満城一号墓出土鏡（径二〇・七センチ、『満城漢墓発掘報告』一九八〇年）、「清河太后」に関係する山西省太原東太堡《とうたいほ》墓出土鏡（径二〇・五センチ、『文物』一九六二年四・五期）、陝西省西安徐家湾出土鏡（径一九センチ、『陝西省出土銅鏡』一九五八年）、長沙王呉氏の夫人を埋葬した湖南省長沙曹嫫墓出土鏡（径一八・五センチ、『文物』一九七九年三期）の六面が知られている。このうち広陵王劉胥・中山王劉勝・長沙王呉氏は

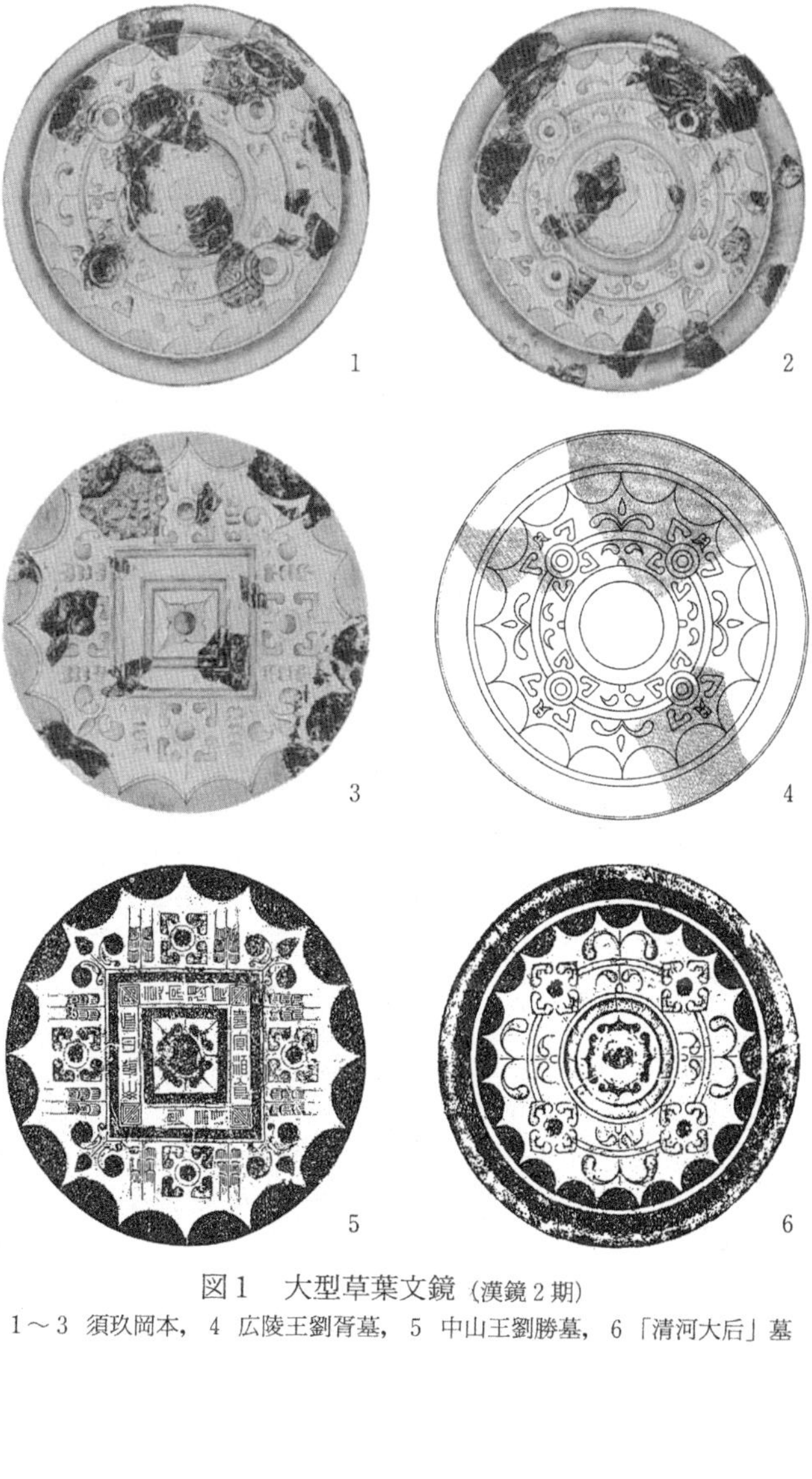

図1 大型草葉文鏡 (漢鏡2期)
1～3 須玖岡本, 4 広陵王劉胥墓, 5 中山王劉勝墓, 6「清河大后」墓

諸侯王であり、被葬者の特定できないそのほかの漢墓についても、墓の構造や副葬品などからみて、前漢武帝期の諸侯王や列侯またはその一族の墓と推定される。諸侯王や列侯とは、皇帝劉氏一族や功臣に封地を与えて支配させた封建貴族のことである。このような大型草葉文鏡を出土する漢墓からみて、それは王侯クラスに限って保有できる特別な文物であったと考えられる。

前漢武帝期になると、鋳造業の発達によって下級官人クラスまで鏡が普及したらしく、副葬品の貧弱な小型の漢墓からも鏡が出土するようになる。しかし、一般の官人たちが手にした鏡と支配者の王侯たちが用いた鏡とは大きさに顕著なちがいがあり、製作から流通にいたる経路もまた異なっていた。漢代には、民間の製品は市場の商業活動によって一般にひろく流通したのにたいして、宮廷で用いる特別な文物はもっぱら官営工房で製作されるのがふつうであった。大型草葉文鏡は官営工房で特別に製作され、市場に流れることなく、王侯貴族を中心に分配されたものであろう。

須玖岡本D地点墓から出土した大型草葉文鏡のなかで、匕面縁《さじめんえん》の二面（図1の1・2）はほぼ同形同大であり、広陵王劉胥墓例（図1の4）とも大きさや文様構成がよく似ている。山西東太堡「清河太后」墓出土鏡（図1の6）も、乳《にゆう》と鈕座《ちゆうざ》をのぞけば、この三面に近似した文様構成となっている。また、須玖岡本D地点墓から出土した連弧文縁《れんこもんえん》の草葉文鏡（図1の3）は、中山王劉勝墓の鏡（図1の5）と文様構成がほぼ同じである。このような相互に類似する鏡は、それぞれ同時期・同一工房の作品とみてまちがいなく、おそらく王侯貴族に分配する目的で官営工房において特別に製作され、漢王朝から政治的ないしは儀礼的に贈与されたものと考えられる。

それでは、須玖岡本から出土した三面の大型草葉文鏡は、そこに埋葬された「奴」の首長にたいして、漢王朝が王侯に相当する待遇として特別に贈与したものだろうか。この問題に解答を与える前に、須玖岡本D地点墓と同等の内容をもち、「伊都」の首長墓と推定されている三雲南小路遺跡をみることにしよう。

三雲南小路遺跡

伊都国の所在した糸島平野の中心に前原市三雲南小路《みくもみなみしょうじ》遺跡がある。一八二二年、農民の土取りによって大量の遺物が出土した。このときの出土品は、銅剣一本と銅鏡一面が近くの聖福寺に現存するのをのぞけば、すべて散佚してしまったが、さいわい福岡藩の国学者、青柳種信《あおやぎたねのぶ》がその直後に調査をおこない、『三雲古器図考』（一八二二年、『柳園古器略考』所収）と『筑前国怡土《いと》郡三雲村古器図説』（一八二三年）を著してその詳細を記録している。それによると、地下三尺ほどで銅剣一、銅戈《どうか》一、朱入りの小壺一個があり、その下から合わせ口の甕棺（一号甕棺）が出土した。棺内からは、銅鏡が大小あわせて三五面、銅矛《どうほこ》二、勾玉《まがたま》一、管玉《くだたま》一のほか、重なった鏡の間ごとに璧《へき》がはさまれた状態で出土したという。その後、一九七四・七五年に福岡県教育委員会が再調査をおこない、破壊された一号甕棺墓を確認したほか、新たにその北に隣接する二号甕棺墓を発見し、多数の遺物を採集した。調査を担当した柳田康雄氏は、砕片になった出土品を丹念に整理し、青柳種信の記録をあわせてつぎのように復元した。

一号甕棺（棺外）有柄《ゆうへい》中細銅剣一、中細銅戈一、朱入小壺一
（棺内）細形銅矛一、中細銅矛一、前漢鏡三一以上、金銅四葉座金具八、ガラス璧八、ガラス勾玉三、ガラス管玉六〇以上
二号甕棺（棺内）前漢鏡二二以上、硬玉勾玉一、ガラス勾玉一二、ガラス垂飾一

一号甕棺、二号甕棺ともに弥生中期後半にあたる立岩式に属し、周辺部の調査によって、東西三二メートル、南北二二メートルの墓域が推定されている（柳田康雄編『三雲遺跡　南小路地区編』福岡県文化財調査報告書第六九集、一九八五年）。共同墓地から隔絶した墳丘墓と副葬品の質と量は、「伊都」を統治する首長墓にふさわしい内容である。

三雲南小路の鏡群

この二基の甕棺墓から出土した合計五三面以上の鏡はすべて前漢鏡であり、柳田氏の復元研究をもとに、鏡の形式をつぎのように同定する。

一号甕棺	重圏彩画鏡	一面
	四乳羽状地文（雷文）鏡	一面
	重圏銘帯鏡	三面
	連弧文銘帯鏡	二六面
二号甕棺	星雲文鏡	一面
	連弧文銘帯鏡	三面
	単圏銘帯鏡（日光鏡）	一八面

一号甕棺墓から出土した重圏彩画鏡は、同心円状の凹帯で区画した鏡背面に朱・青・白色顔料で絵を描いた鏡で、青柳種信が径九寸（二七・三センチ）と記した大型鏡である（図2）。類例に陝西省西安範南村「陳請士」墓出土鏡（図3、径二三センチ、『陝西新出土文物集華』一九九三年）があり、匕面縁の特徴からも、漢鏡2期（前二世紀後半）に位置づけられる。また、四乳羽状地文鏡（径一九・三センチ）は、戦国時代の羽状地文鏡を継承した、漢代では類例

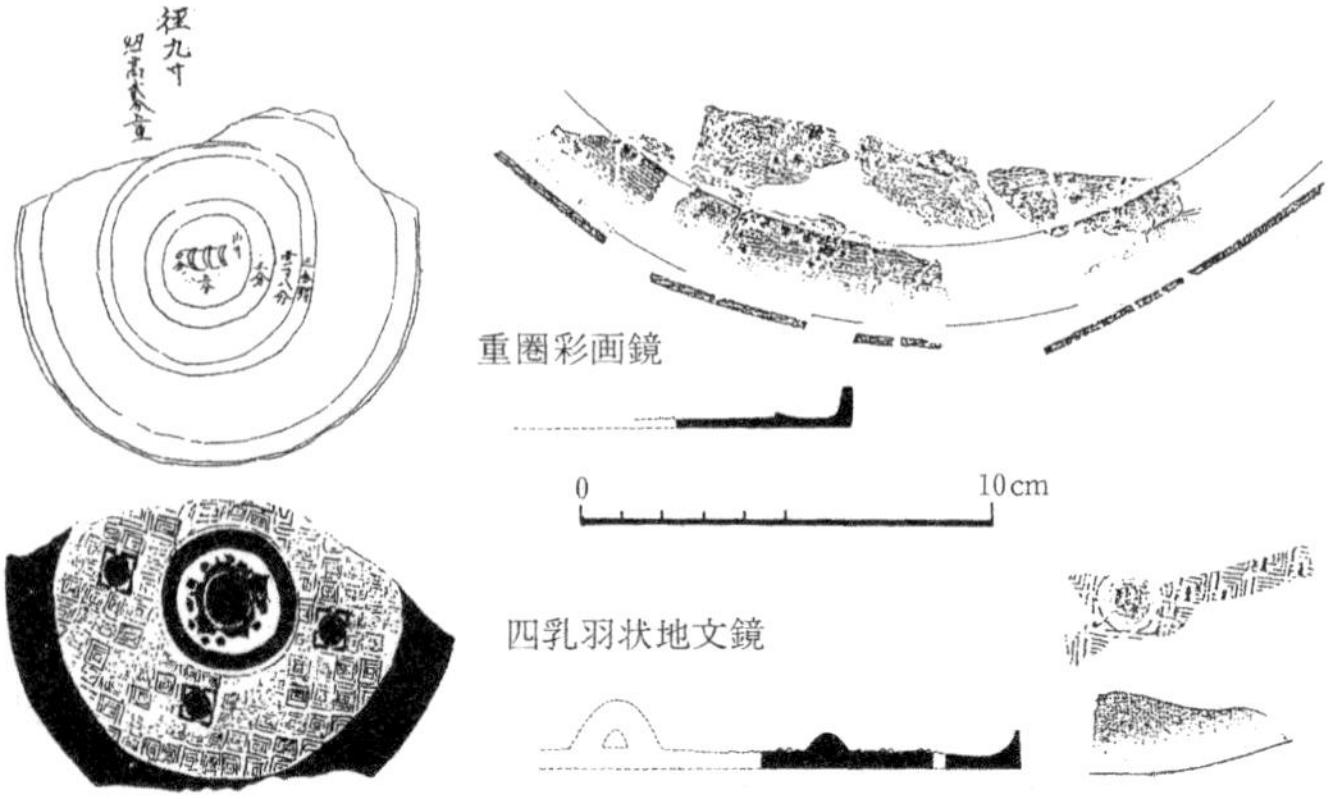

図２　三雲南小路１号甕棺墓出土の大型鏡（漢鏡２期）

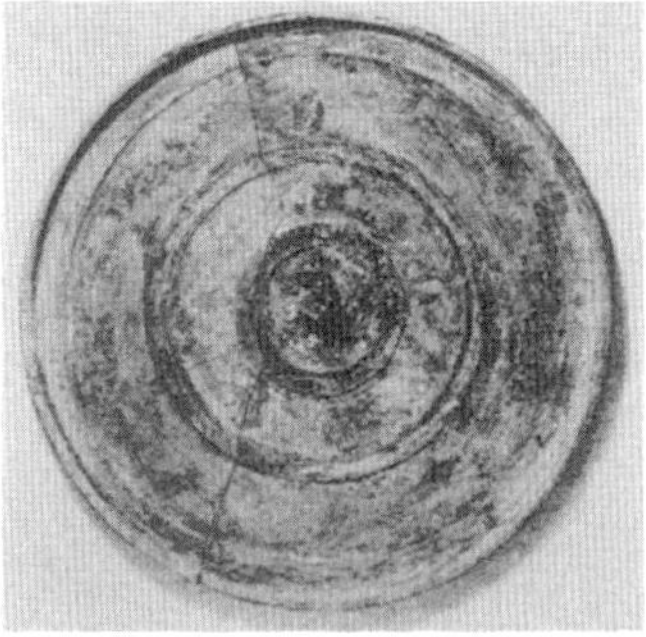

図３　「陳請士」墓出土の重圏彩画鏡

の少ない形式であるが、比較的近いものに、前述の大型草葉文鏡と共伴した山東省巨野紅土山出土鏡（径一八・七センチ、『考古学報』一九八三年第四期）があり、地文・円座乳・鈕座の特徴からみて、これも漢鏡2期のものと考えられる。したがって、この二面の大型鏡は、須玖岡本D地点墓の草葉文鏡と同時期に編年できる。

そのほかの各種の銘帯鏡と星雲文鏡は、すべて漢鏡3期（前一世紀前半）に属している（図4・図5）。とくに、総計五〇面におよぶ各種の銘帯鏡は、漢鏡3期の銘帯鏡を四型式に細分したうち、一号甕棺墓の重圏銘帯「精白」鏡（図4の1）の一面だけがI式で、残りの四九面すべてがIII式に属すという、じつに粒のそろった型式構成になっている。なかでも、二二面のすべてが漢鏡3期の鏡である二号甕棺墓の年代は、およそ前一世紀中ごろに問題なく位置づけられるし、漢鏡2期の鏡が二面と漢鏡3期の鏡が二九面という一号甕棺墓の構成は、須玖岡本D地点墓の鏡群とほとんど同じで、漢鏡2期の鏡二面が伝世し、漢鏡3期の鏡群と一括で副葬されたと考えられるから、これも漢鏡3期を上限とする、前一世紀中ごろの埋葬年代が推定できるだろう。

以上のように漢鏡の年代からみると、須玖岡本D地点甕棺墓・三雲南小路一号甕棺墓・三雲南小路二号甕棺墓の三基はすべて同時期に位置づけることができる。

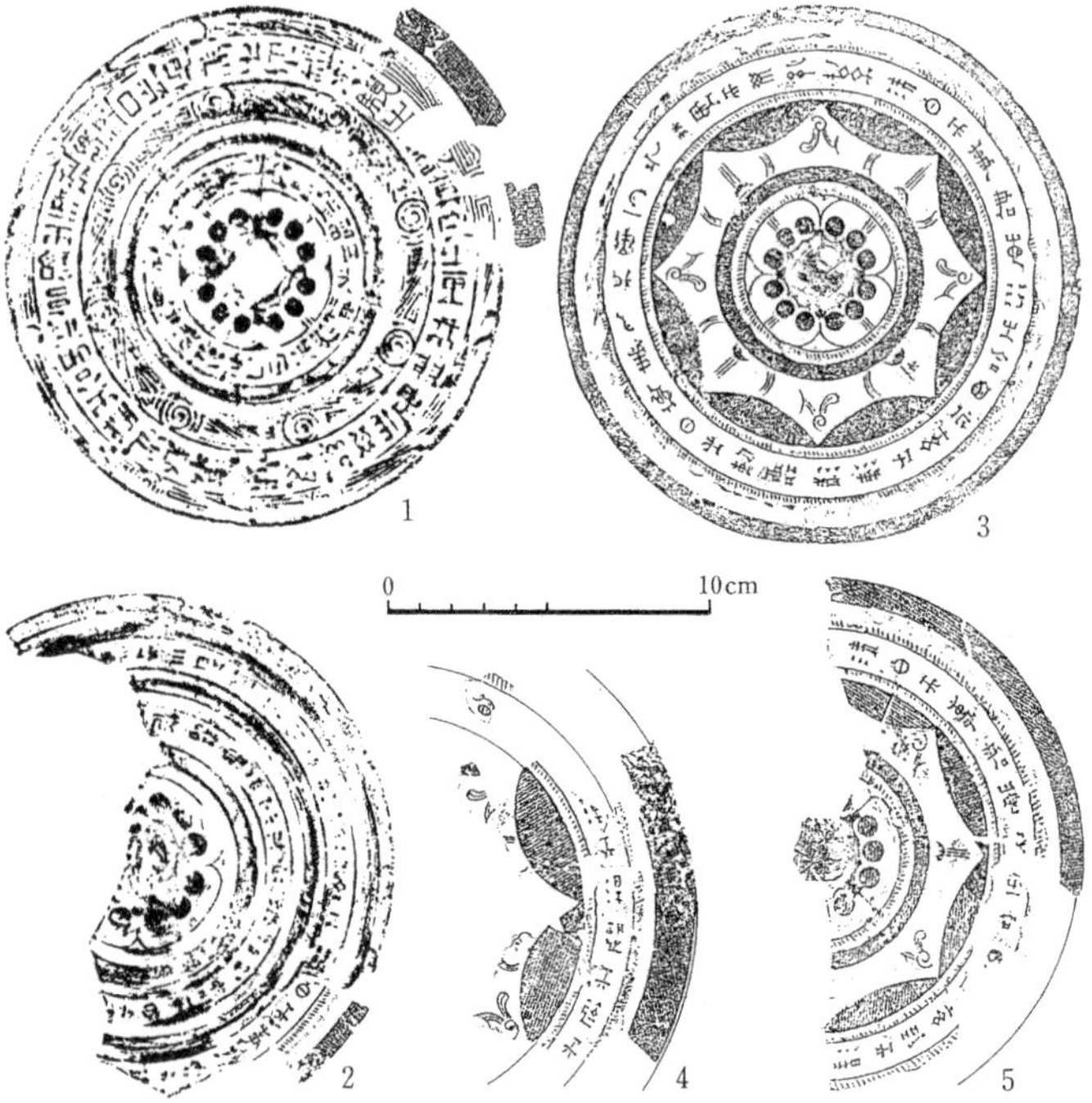

図４　三雲南小路１号甕棺墓出土の銘帯鏡（漢鏡３期）

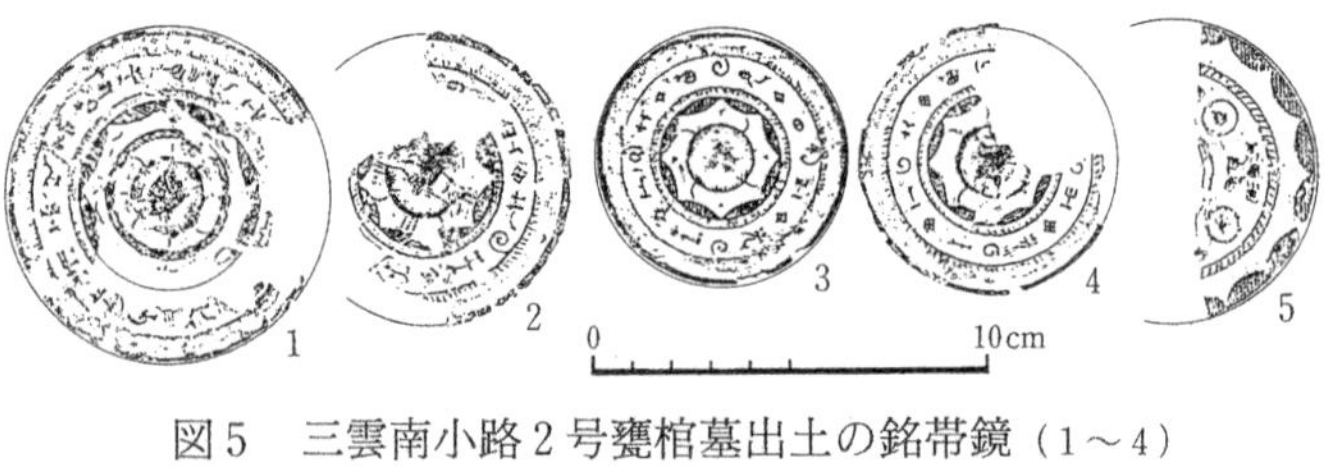

図５　三雲南小路２号甕棺墓出土の銘帯鏡（１～４）
と星雲文鏡（５）（漢鏡３期）

鏡の大小

三雲南小路では、須玖岡本D地点墓の鏡群と同じように、副葬された漢鏡の数がひじょうに多いことに加えて、大多数の漢鏡3期の鏡に混じって漢鏡2期の特殊な大型鏡の二面が一号墓に存在していたことが重要である。

一号墓の鏡群は、漢鏡3期の径一六～一八・二一㌢の中型鏡を主体として二面の漢鏡2期の大型鏡をふくむ構成であるのにたいして、二号墓の鏡群は、漢鏡3期の径六・〇～一一・四㌢の小型鏡だけで構成されている。二号墓は、副葬品に武器類がないために女性墓と推測され、また権威を象徴するガラス壁がなく、小型鏡だけの鏡群の構成になることから、一号墓より下位に位置づけられている。つまり、当時の倭人社会において、漢鏡の大小が身分的な上下関係をあらわした可能性がある。

漢鏡の大きさについて、ここでは大型・中型・小型に三分しているが、これまでの研究では径一五㌢以上を大型、径五～一一㌢を小型とする二分法が多かった。これは径一六㌢前後の銘帯鏡を中型鏡として区分するか、それとも大型鏡にふくめるかのちがいにすぎないが、漢と倭との関係を考えるとき、その区別はたいへん重要な意味をもっている。なぜなら、前漢代の中国では径一六㌢前後の銘帯鏡は商業的にひろく流通し、郡県の中級官人クラスの墓からも出土するため、王侯クラスに特別に贈与された大型草葉文鏡などとは区別したほうが好ましいからである。漢王朝の立場でみるなら、大型鏡と中型鏡との間にはわずか数センチの差より大きな意味づけがあったにちがいない。

漢鏡の大型・中型・小型の三区分を認めると、大型鏡には須玖岡本D地点墓の草葉文鏡三面、三雲南小路一号墓の重圏彩画鏡と四乳羽状地文鏡が該当し、この五面はすべて漢鏡2期に属する伝世鏡であることに注意される。中国では王侯クラスに贈与される大型鏡、それがどのような経緯で伝世したのか。ここでは前漢武帝期の東アジア情勢がそこに大きくかかわっていることを示唆するにとどめ、話をさきにすすめよう。

ガラス璧

伝世の大型鏡が出土した須玖岡本D地点墓と三雲南小路一号墓からは多数のガラス璧が出土している（図6）。完全な璧の副葬はこの二基の墓に限られ、福岡県夜須町東小田峰一〇号甕棺墓からはそれを分割し再加工した小さな有孔円盤、三雲南小路二号墓からはその残片を加工した垂飾《すいしょく》が出土している。

璧とは、中央に円孔のある環状円盤のことである。「完璧」の言葉があるように、璧はさまざまな儀礼の場でもっとも尊重され、たとえば、中山王劉勝を埋葬した河北省満城一号墓では、玉衣の内側に遺体を覆うように一八個の玉璧を副葬し（図7）、広東省広州の南越王墓では、玉衣の内外に計二九個の玉璧を副葬していた。前漢代の礼秩序のなかで、玉璧の数や大きさは社会的な身分をあるていど反映し、郡県の中級官人クラスでは玉璧一個が限度であった。ちなみに、楽浪漢墓から発掘された玉璧は、王莽《おうもう》代の石岩里九号墓の一個と後漢前期の貞梧洞一号墓（夫婦合葬墓）の二個だけである。漢人の間では、玉璧は銅鏡とは比較にならないほど貴重なものであった。

しかし、ガラス璧は玉璧よりも格が低いものとみなされた。それは戦国から前漢代にか

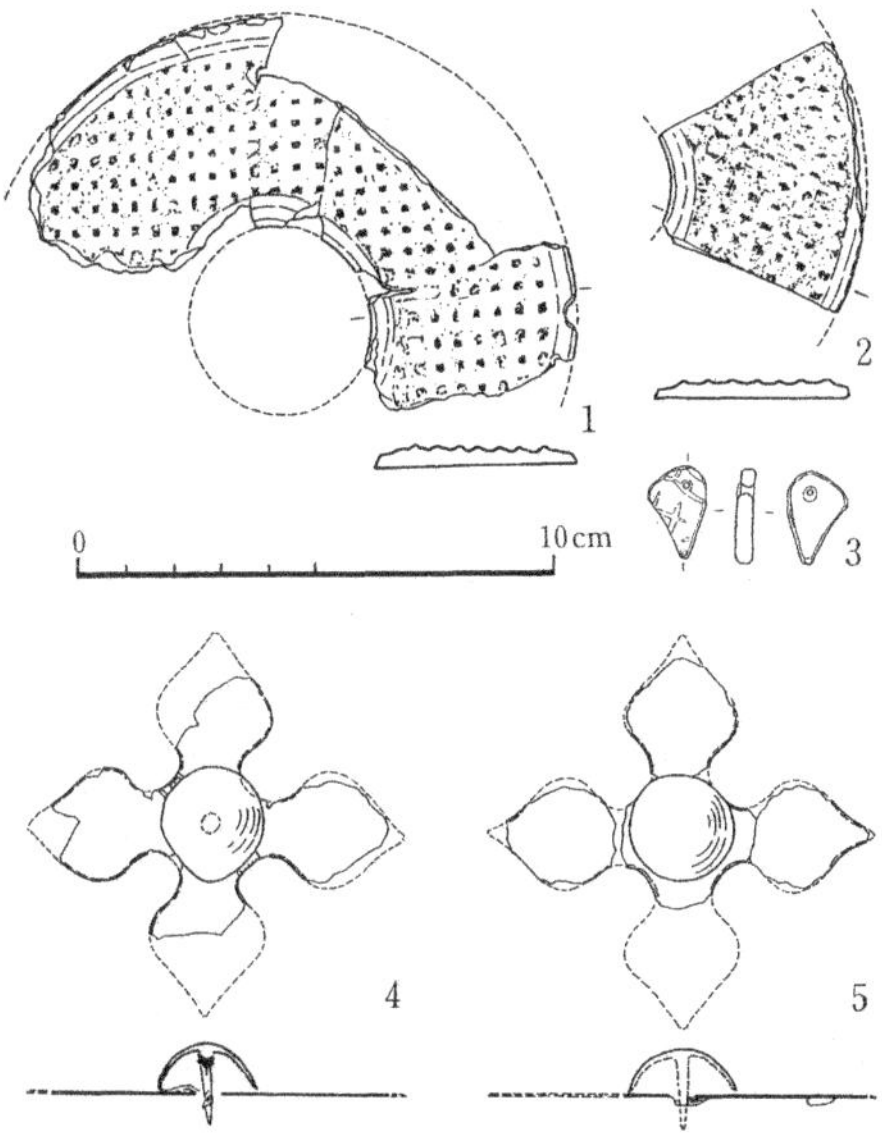

図6　三雲南小路遺跡のガラス璧と金銅四葉座金具　1・2・4・5　1号甕棺，3　2号甕棺

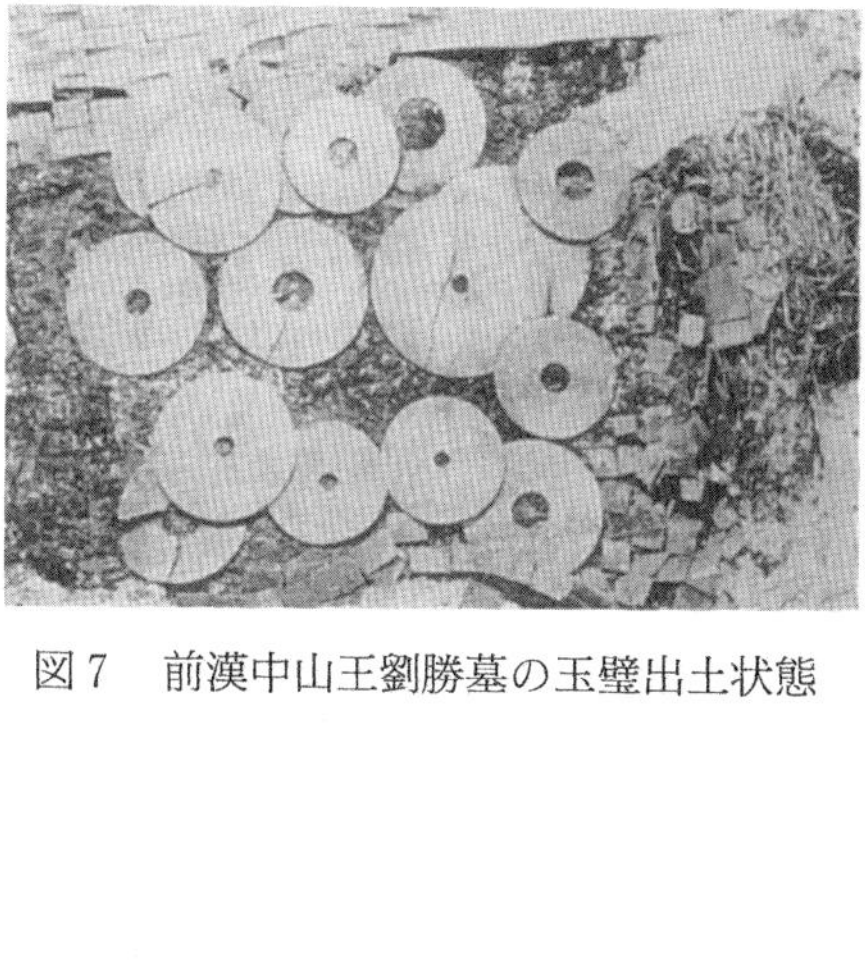

図7　前漢中山王劉勝墓の玉璧出土状態

けて湖南周辺において玉璧の代用品として製作され、湖南の大型墓では玉璧が出土するのにたいして、ガラス璧は中・下級官人を埋葬した中小型墓から普遍的に出土するからである（周世栄「湖南出土瑠璃器的主要特点及其重要意義」『考古』一九八八年六期）。須玖岡本と三雲南小路から出土したガラス璧は、その形態的特徴から前漢代の湖南の製品と考えられるが、玉璧よりも下位のガラス璧が贈与されたことについて藤田等氏は、「奴」と「伊都」の首長に対する漢王朝の政治的評価が必ずしも高くなかったことのあらわれとみている（『弥生時代ガラスの研究』一九九四年）。

金銅四葉座金具

三雲南小路一号墓から、四葉に半球形頭の鋲《びょう》がついた金具が八個体ぶん出土している（図6）。漢代の中国では木棺に打ちつけた飾り金具として用いられたが、なぜそれが三雲南小路の甕棺墓から出土したのか。この問題について町田章氏は、漢の皇帝が王侯や功臣の死去に際して葬具を下賜した事例をあげて、「伊都国王」の死の報告を受けた漢王朝が楽浪郡を介してこの金銅四葉座金具とガラス璧を葬具として下賜したものだ、と論じた（「三雲遺跡の金銅四葉座金具について」『古文化談叢』第二〇集上、一九八八年）。中国の史書のなかで最初に登場する倭の「国王」は、紀元後五七年の「倭奴国王」であるが、町田氏はそれより一世紀も早く漢王朝は三雲南小路の首長を「伊都国王」として冊封《さくほう》していたというのである。

しかし、ガラス璧は玉璧よりも格が落ち、前漢代の華南ではガラス璧は中・下級官人クラスの副葬品であったし、金銅四葉座金具も前一世紀には郡県の中・下級官人の墓からひろく出土している。つまり、ガラス璧も金銅四葉座金具も前漢の王侯貴族がその身分の表象とする威信財ではなかった。町田氏が金銅四葉座金具を葬具とみたのは炯眼《けいがん》であるが、漢の皇帝が王侯や功臣の死去に際して下賜した葬具は、史書によると、黄腸題湊《こうちょうだいそう》という特別の木槨、玉の小札《こざね》を綴じ合わせた玉衣、玉璧ほか各種の玉器など、身分を象徴するさまざまな威信財があり、漢王朝に臣属した異民族の王であっても、広州南越王墓や雲南省石寨山六号滇王《てんおう》墓で明らかになったように、玉衣や各種の玉器など相応の威信財を副葬しているのである。三雲南小路のそれを「伊都国王」の表象というには、あまりに不相応なものといえないだろうか。

須玖岡本と三雲南小路の出土品のなかで、漢鏡とガラス璧、金銅四葉座金具が中国からの舶載文物である。楽浪郡域や朝鮮半島南部では同時期の文物を副葬した墓が発掘されているものの、大・中型鏡、ガラス璧、金銅四葉座金具のいずれもまだ出土していない。この点からみれば、これらは倭人が商業的に購入したものではなく、「歳時をもって来たり献見す」るなかで漢王朝から政治的・儀礼的に贈与されたものと考えられる。それは「王」としての処遇ではなかったけれども、海路はるばる朝貢してきた倭人にたいする破格の待遇をあらわすことは認めてよいだろう。

百余国の実態

立岩遺跡

遠賀《おんが》川上流の嘉穂《かほ》盆地は、『魏志』倭人伝の不弥国《ふみこく》にあてる説が有力だが、その丘陵上に飯塚市立岩《たていわ》遺跡がある。一九六三年から六五年の調査で、四三基の甕棺《かめかん》墓が発掘され、そのうち五基の甕棺墓から計一〇面の前漢鏡が出土した。鏡が出土した甕棺はすべて弥生中期後半の立岩式に属している（『立岩遺蹟』一九七七年）。

一〇号甕棺墓は、棺内から漢鏡六面のほか、中細銅矛《どうほこ》一、鉄剣一、鉄ヤリガンナ一、砥《と》石《いし》二が出土した。漢鏡の内訳は、漢鏡3期の重圏銘帯鏡三面と連弧文銘帯鏡三面であり、面径一五～一八㌢の中型鏡だけで構成される（図8）。この六面の種類や大きさは比較的均等にそろっているが、細かい型式でみると、漢鏡3期の銘帯鏡を四型式に細分したうち、重圏「清白」鏡と重圏「姚皎《ようこう》」鏡がII式、重圏「清白」鏡と連弧文「清白」鏡がIII式、二面の連弧文「日有喜《にちゆうき》」鏡がIV式に属し、三型式にまたがっている。しかし、そのもっとも新しい型式である銘帯鏡IV式は、中国でも比較的例が少なく、その製作年代は銘帯鏡III式に一部並行すると考えられるから、この鏡群は須玖岡本《すくおかもと》や三雲南小路の鏡群と同じ時期に流入したものとみてよいだろう。とりわけ、柳田康雄氏の指摘するように、その連弧文「清白」鏡の一面が三雲南小路一号墓例と同型（笵《はん》）であるなら（前掲『三雲遺跡　南小路編』）、この鏡群は三雲南小路の鏡群と同時期にもたらされ、「伊都」の首長から立岩の首長に分配された可能性が高い。また、この甕棺そのものが福岡平野からわざわざ運ばれたと推定される（井上裕弘「甕棺製作技術と工人集団」『論集日本原始』一九八五年）ことは、立岩の首長と「奴《な》」との深いつながりをものがたる。

立岩遺跡では一〇号墓のほかに四基の甕棺墓から一面ずつ漢鏡が出土している。いずれも漢鏡3期の銘帯鏡III式に属し、一〇号墓の鏡群と同時期にもたらされ、分配されたものである。成人男性を埋葬した三五号甕棺墓からは、中型の連弧文銘帯鏡（径一八・〇チセン）が出土している。棺内にはほかに鉄戈《てっか》と鉄剣が一本ずつ副葬され、甕棺の目張り粘土に埋めた状態でガラス管玉が三〇〜四〇個出土した。のこる三基の甕棺墓はいずれも小型鏡であ

図８　立岩10号甕棺墓の銘帯鏡（漢鏡３期）

る。三四号甕棺墓は単圏銘帯鏡（径四・九センチ）と鉄戈を一本副葬し、被葬者の成年男性は一四個のゴホウラ製腕輪を右腕に着装していた。熟年男性を埋葬した三九号甕棺墓からは、単圏銘帯鏡（径七・二センチ）と鉄剣一本が出土した。二八号甕棺墓からは、重圏銘帯鏡（径九・八センチ）と鉄小刀一本のほか、五五〇個あまりの管玉やガラス玉などの装身具類がまとまって出土し、人骨はのこっていなかったが、武器のない副葬品の組合せから女性墓と推定されている。

　甕棺の共同墓地を形成した立岩遺跡では五基の甕棺墓に漢鏡が分有されていた。そのなかで一〇号墓は、六面の中型鏡と銅矛をもつ傑出した存在であり、この地域の首長墓とみなすことができる。漢鏡の副葬が一面だけの墓の間でも、中型鏡をもつ三五号墓は鉄戈と鉄剣の二本の武器があるのにたいして、小型鏡の三四号・三九号・二八号墓は鉄製武器類が一本だけであり、鏡の大小と鉄製武器類の数とが相関している。このうち三四号墓の男性は、南海産の貝製腕輪を装着していることから、司祭者であろうと想定されている。この墓地ではほかにも、漢鏡がなく鉄器類だけを副葬した三六号甕棺墓や副葬品のない甕棺墓が同時期に多数併存し、副葬品の種類や数に階層的な数段階の格差が確かめられる。

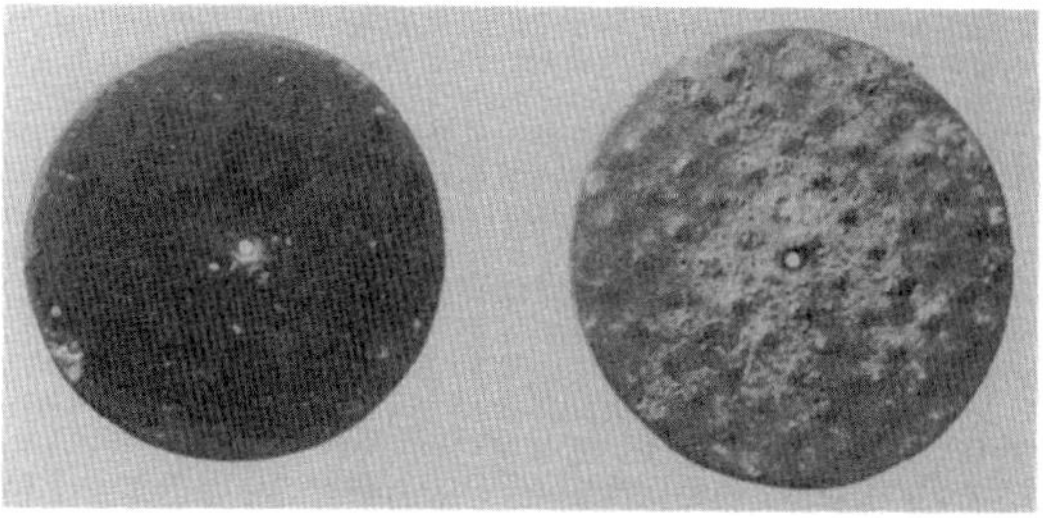

図9　東小田峯10号甕棺墓の有孔円盤

東小田峯遺跡

須玖岡本遺跡から一五キロあまり東南方、有明海に注ぐ筑後川の上流にひろがる朝倉平野に夜須町東小田峯遺跡がある。数百基の甕棺墓からなる共同墓地のなかに一辺が一六メートルほどの墳丘があり、その上に弥生時代中期から後期にかけての甕棺墓二八基と土坑墓六基が発見されている。墳丘の中央に位置する一〇号甕棺墓では、棺内から前漢鏡二面、ガラス璧を分割した有孔円盤二点、鉄剣一本、鉄毛抜き一点が出土し、棺外から鉄戈一本が出土した。鏡は漢鏡3期の連弧文銘帯鏡（径一七・二センチ）と単圏銘帯鏡（径六・七センチ）で、中型鏡と小型鏡の組合せになっている（佐藤正義「原始時代の夜須地方」『夜須町史』一九九一年）。

一〇号甕棺墓から出土した有孔円盤（図9）は、須玖岡本D地点墓や三雲南小路一号墓から出土したような中国製のガラス璧を分割し、小さな円盤形に再加工したものである。このような有孔円盤は中国に例がなく、北部九州で再加工したものであろうが、ガラス璧を分割したときの残片を利用した垂飾《すいしょく》（図6の3）が三雲南小路二号墓から出土していることからみると、「伊都」地域でガラス璧の分割と再加工がおこなわれ、有孔円盤は璧の象徴として「伊都」の首長から東小田峯の首長に分配された可能性があろう。東小田峯の二面の漢鏡もまた、同じ分配システムをつうじたものであったかもしれない。

この墳丘墓では、ほかに三二号甕棺墓から鉄剣一本が出土している。また、ここから十数メートル離れたところでは、一九二六年に九基の甕棺墓が発見され、そのうちの一基から漢鏡3期の連弧文銘帯鏡（径九・二センチ）と鉄戈一本が出土している（中山平次郎「クリス形鉄剣及前漢式鏡の新資料」『考古学雑誌』一七巻七号、一九二七年）。東小田峯遺跡は数百基の甕棺墓からなる大きな墓地であり、副葬品をもたない大多数の甕棺墓のなかに、このような副葬品をもつ甕棺墓がごく少数存在したのである。

甕棺墓の階層区分

漢鏡3期の鏡を出土した北部九州の甕棺は、すべて弥生時代中期後半の立岩式に属している。また、須玖岡本D地点・三雲南小路一号・立岩一〇号の三基の甕棺墓には古い型式の漢鏡がふくまれるものの、主体をしめるのは前一世紀第2四半期の銘帯鏡Ⅲ式とそれに並行する型式である。このため、古い型式をふくむほとんどの漢鏡が前一世紀中ごろまでに北部九州に伝来し、つぎの世代に相続されることなく、漢鏡を入手した人物の死とともに副葬されたことがわかる。

これらの甕棺墓には、漢鏡をはじめとする副葬品の種類や数に階層的な格差があらわれていた。共同墓地の内部にみられる副葬品の階層性については、さきに立岩遺跡や東小田峯遺跡を例に検討したが、甕棺墓という墓制を共有する北部九州の全体をみたばあい、どのような階層秩序が描きだせるだろうか。これまで下條信行氏（「北部九州弥生中期の『国』家間構造と立岩遺跡」『児島隆人先生喜寿記念論集　古文化論叢』一九九一年）や中園聡氏（「墳墓にあらわれた意味――とくに弥生時代中期後半の甕棺墓にみる階層性について」『古文化談叢』第二五集、一九九一年）によって、その階層区分が論じられてきたが、ここでは漢鏡の大・中・小型の区分とその面数を主とし、そのほかの出土品をふくめて、新たに表のように整理してみた。

まず、大型鏡をもつ須玖岡本D地点墓と三雲南小路一号墓をA群とする。両墓ともに三〇面前後の漢鏡とガラス璧という前漢文物のほか、倭製のガラス勾玉や各種の武器形青銅器を副葬し、その種類と数は傑出した双璧をなしている。また、ともに共同墓地から隔絶して存在する墳丘墓であることも、きわだった特徴として指摘できるだろう。

B群は、二面以上の中・小型の漢鏡をもつ甕棺墓であり、二二面以上の小型鏡をもつ三雲南小路二号墓、六面の中型鏡をもつ立岩一〇号墓、三面以上の小型鏡をもつ福岡市丸尾台甕棺墓、中型鏡と小型鏡を一面ずつもつ東小田峯一〇号墓がある。それぞれ副葬品の品目と数にばらつきが大きいけれども、大型鏡と完全なガラス璧のないことがA群との大きなちがいである。とりわけガラス璧を分割、再加工した東小田峯一〇号墓の有孔円盤と三雲南小路二号墓の垂飾とはA群の完全なガラス璧よりも格が落ちるが、三雲南小路二号墓のガラス勾玉と立岩一〇号墓の青銅矛はA群にもみられる貴重な倭製文物である。三雲南

青銅器			鉄器			その他
矛	剣	戈	剣	戈	他	
5	4	1				
2	1	1				四葉飾
1			1		○	
					○	
			1	1	○	
			1	1		
	1					
			1	1		貝輪41
			1			
				1		貝輪14
				1		
					○	
					○	

漢鏡3期の鏡を出土した甕棺墓とその副葬品

群	甕　棺　墓	漢鏡 大	中	小	ガラス 璧	璧片	勾玉	管玉
A	須玖岡本D*	3	15	8	○		○	○
	三雲南小路1号*	2	29		○		○	
B	三雲南小路2号*			22		○	○	
	立岩10号		6					
	丸尾台*			3				
	東小田峯10号		1	1		○		
C1	立岩35号		1					○
	二塚山15号*		1					
C2	二日市峯*			1				
	隈西小田23号			1				
	立岩39号			1				
	立岩34号			1				
	東小田峯			1				
	立岩28号			1				○
	吉武樋渡62号			1				
	有田・小田部2号			1				
	六の幡29号			1				
	柏崎田島6号			1				

*は盗掘ないしは破壊された甕棺墓，○は存在していることを示す.

小路二号墓をのぞく三基は共同墓地のなかにあり、鉄器を副葬していることはつぎのC群に共通する。

C群は、漢鏡が一面だけの甕棺墓であり、中型鏡をもつ立岩三五号墓と二塚山一五号墓をC1群、小型鏡をもつ二日市峯《ふつかいちみね》以下の墓をC2群とする。前漢文物は鏡一面のほかにはなく、倭製の武器形青銅器も江戸時代末期に星雲文鏡と共伴したと伝える筑紫野市二日市峯甕棺墓の中細銅剣が一例あるにすぎない。そのかわり、半数以上の墓に鉄器類があり、筑紫野市隈西小田二三号墓と立岩三四号墓からは南海産のゴホウラでつくった腕輪が出土している。いずれの墓も多数の墓が集合する共同墓地のなかにある。

ところで、数十個もの貝製腕輪を腕に装着していると日常生活にも不便なため、その人物は生産活動に従事しない司祭者と考えられている。立岩遺跡では、その三四号墓はB群の一〇号墓やC1群の三五号墓よりも下位のC2群にあり、しかもその漢鏡は径四・九《センチ》という超小型鏡である。上位の一〇号墓を首長墓とみるならば、政治的統率者の首長と祭祀をおこなう司祭者との職掌が分かれ、首長よりも司祭者のほうが低い階層に位置づけられていたことになろう。

漢鏡の数と大きさをもとに北部九州の甕棺墓をA群からC群まで階層区分したが、この区分はまた、そのほかの副葬品のあり方とも整合性をもっていた。それはA群の須玖岡本D地点墓と三雲南小路一号墓を頂点とする甕棺墓の階層序列であり、玄界灘に面した「奴」と「伊都」の両地域を中核とする空間的な階層でもある。

漢鏡の分配システム

A群の須玖岡本D地点墓と三雲南小路一号墓とは、副葬品の品目がきわめて相似し、優劣つけがたい双璧をなしている。漢の楽浪郡まで定期的に朝貢し、鏡やガラス璧などの文物を贈与されたのは、この「奴」と「伊都」の両首長であり、B群以下の首長たちは、この両首長から漢鏡などの文物を間接的に配分されたのであろう。三雲南小路一号墓と立岩一〇号墓との間に連弧文銘帯鏡の同型（笵）鏡が分有され、東小田峯一〇号墓のガラス有孔円盤が「伊都」地域で加工された可能性があることをさきに指摘した。このことは、大量の漢の文物を入手した「伊都」の首長が立岩や東小田峯の首長にたいして、その一部を分与したことを示している。また、立岩遺跡や東小田峯遺跡のようにB群とC群の墓がひとつの墓地に共存するばあい、B群の副葬品のほうが卓越していることに加えて、B群に比較的大きな鏡がのこされていることから、B群の首長が独占的に入手した文物の一部を

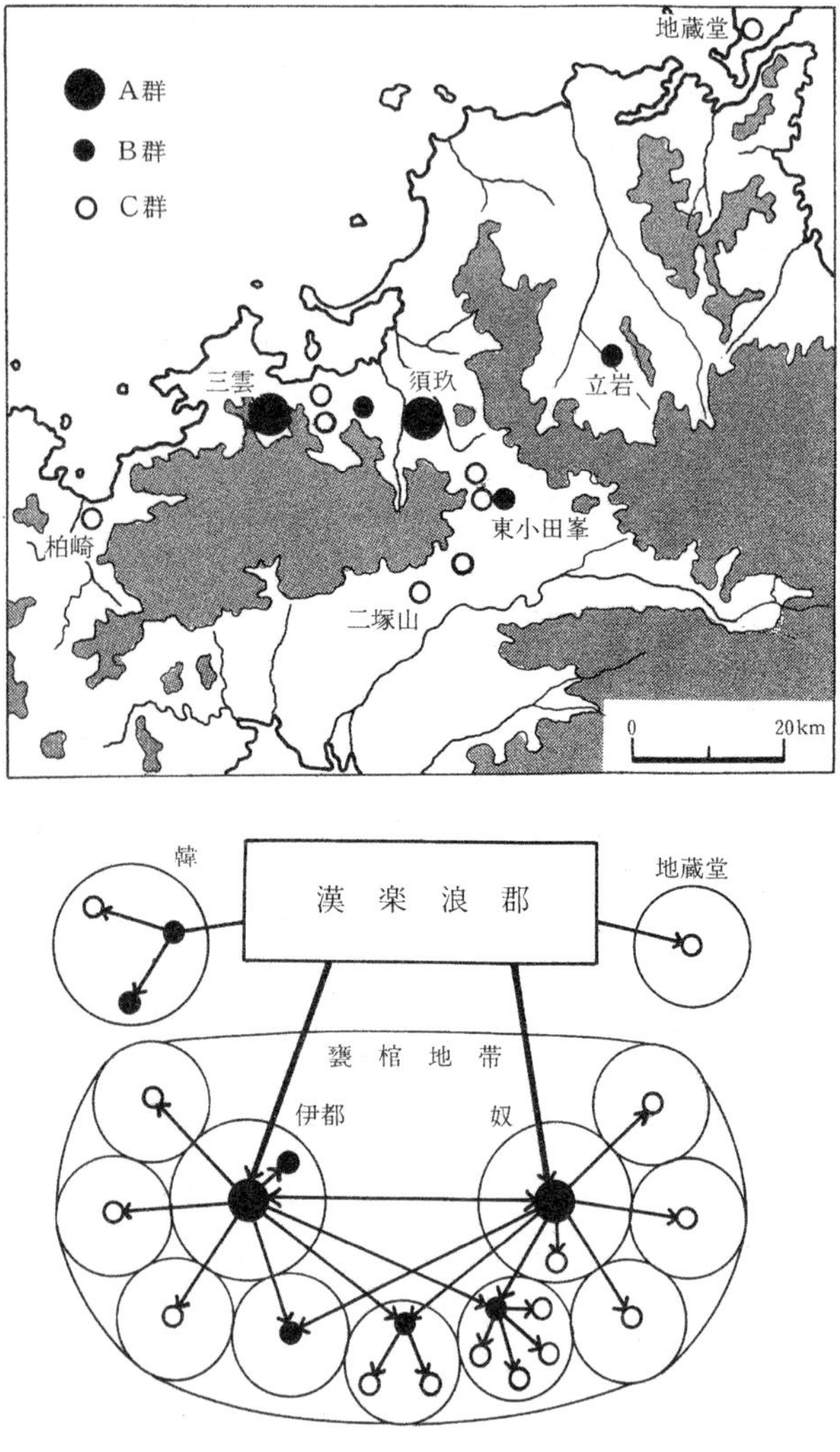

図10　北部九州における漢鏡の分配（漢鏡3期）

同じ集団に属するC群の有力者に再配分したことがわかる。このような貴重財の交易をふくめた他地域との交渉を首長が独占していたことは、立岩遺跡においてB群の一〇号墓だけが特別に「奴」地域から搬入した甕棺を用い、そのほかの墓は在地の甕棺を用いていたことからもうかがい知ることができる。

以上の分配システムを模式化したのが図10である。この階層的な分配システムによって北部九州にひろがる甕棺墓の副葬品に一定の秩序があらわれ、首長間の系列化とその政治体制が確認されたのであろう。

東方へのひろがり

漢鏡3期の鏡は北部九州をこえて東にもひろがっている。本州の最西端にある山口県下関市は、はやくから対外的な貿易港として開かれたところである。その響灘に面した梶栗浜遺跡では、弥生前期末の箱式石棺から朝鮮製の多鈕細文鏡一面と細形銅剣二本が出土し、さらに、その南の丘陵上にある稗田地蔵堂遺跡の箱式石棺墓からは、漢鏡3期の連弧文銘帯鏡（径一四・九センチ）一面と蓋弓帽《がいきゅうぼう》などの前漢文物が出土した。蓋弓帽とは、馬車の傘骨（蓋弓）の先端につけた飾り金具のことで、花弁のなかに熊の頭の装飾があり、金銅製の同形のものが二個出土している。漢代の中国では、馬車は官人身分の表象であり、その装飾品としての蓋弓帽はたいへん貴重なものであった。しかし、二個だけでは本来の用をなさないし、ほかの車馬具の部品も出土していないから、蓋弓帽に木柄を差しこんで威儀具とするなど、別の使い方がなされたのであり、三雲南小路の金銅四葉座金具と同じように、周辺地域における転用を示すものであろう。

地蔵堂から出土したこのような前漢文物は、北部九州の「奴」ないしは「伊都」から分配されたものだろうか。響灘に面した地理的条件と、甕棺墓の分布圏から離れた箱式石棺墓をはじめとする、梶栗浜以来の独自の文化圏であること、甕棺墓の階層秩序に適合しない中型鏡一面と蓋弓帽という組合せであることを考えるならば、むしろそれは漢楽浪郡との直接交渉によって入手した可能性のほうが大きい。ここが『漢書』地理志にいう「百余国」のなかのひとつであったことは十分に考えられよう。

このほか、松山市若草遺跡の小土坑から重圏銘帯鏡（径八・四センチ）、四世紀の高松市石清尾山猫塚古墳から連弧文銘帯鏡（径一六・七センチ）が出土している。また、大阪湾沿岸の神戸市森北町遺跡や大阪市瓜破北遺跡、大和川をさかのぼった奈良県田原本町清水風遺跡などから銘帯鏡の破片が出土している。こうした漢鏡が瀬戸内海をつうじた交易にともなって東にひろがっていったことは容易に想像でき、北部九州にくらべて圧倒的に少ない数ながら、瀬戸内以東へと前漢文物が流れていたことは確かだろう。

池上曾根遺跡

大阪府和泉市と泉大津市にまたがる弥生時代の大規模な環濠集落、池上《いけがみ》曾根《そね》遺跡では、一九九五年、弥生中期後葉（近畿第四様式）の大型建物跡が発掘された。直径七〇㌢《チセン》におよぶそのヒノキの柱材は、外周部まで良好にのこっていたため、奈良国立文化財研究所の光谷拓実氏が年輪年代を測定したところ、紀元前五二年の伐採という分析結果がでた。年輪年代法とは、気候条件などによって年ごとに変動する樹木の年輪パターンを照合することによって古木の実年代を特定する、信頼度の高い方法である。この結果は、弥生中期後葉の年代を通説より一〇〇年近くさかのぼらせることになり、弥生時代全体の年代観に大幅の修正をせまるものとして大きな注目をあつめた。しかし、北部九州と近畿の弥生中期後葉はほぼ並行するという近年の土器研究に照らしてみるならば、それは北部九州において漢鏡からみちびいた弥生中期後葉の年代と矛盾なく一致し、漢鏡による年代観をむしろ補強するものとなったのである。

年代論における意義もさることながら、その大型建物は東西南北の方位に正確にあわせ、中国式の建築手法を採用していたことは重要である。弥生時代屈指の環濠集落、奈良県田原本町唐古《からこ》・鍵《かぎ》遺跡では、卑弥呼の「宮室・楼観」を彷彿《ほうふつ》とさせるような、中国風の楼閣の絵を描いた同時期の土器が出土しており、この大型建物の発見によって、それがたんなる絵空事ではなく、紀元前一世紀中ごろには、漢鏡などの文物とともに、北部九州とほとんど時間差なく中国の宮殿建築の思想やその技術が近畿まで導入されていたことが確実視できるようになった。

楽浪郡の設置

衛氏朝鮮と漢

楽浪郡が設置される前、そこには衛氏《えいし》の朝鮮国があった。燕人《えんひと》の衛満《えいまん》が前漢はじめの混乱期に千余人を率いて亡命し、みずから朝鮮王を称したのがそのはじまりという。しばらくして周辺民族を監督することなどを条件に漢はその統治を認め、外臣となした。外臣とは、周辺国家の首長が中国の皇帝と君臣関係を結び、それに従属することであり、このとき衛満は見返りとして漢から武器や財物を贈与されている。孫の衛右渠《うきょ》のときに漢との関係が悪化し、ついに紀元前一〇八年、漢武帝は武力をもってこれを滅ぼし、楽浪・玄菟《げんと》・臨屯《りんとん》・真番《しんばん》の四郡による直接支配にのりだしたのである。

この衛氏朝鮮の考古学にかんしては、青銅短剣や朝鮮式車馬具を指標とする朝鮮青銅器文化が存続していたとみられている。そのなかで楽浪梧野里から朝鮮式車馬具とともに漢鏡2期の大型蟠螭《ばんち》文鏡（径二二・一センチ、図11）が採集されていること（『昭和五年度古蹟調査報告』第一冊、一九三五年）は重要である。これは須玖岡本D地点墓や三雲南小路一号墓の大型鏡と同じ漢鏡2期前半（紀元前二世紀第3四半期）の鏡であり、しかも漢の王侯クラスがもつような大型鏡であるところから、漢王朝から外臣たる朝鮮王の衛氏にたいして特別に贈与された威信財のひとつと考えられるからである。さらに推測をたくましくすれば、須玖岡本や三雲南小路から出土した大型鏡もまた、もとは梧野里の鏡とともに衛氏にたいして与えられた威信財であり、その滅亡によって楽浪郡、そして北部九州へと流転していったのではなかろうか。さきに指摘した、須玖岡本や三雲南小路の一括鏡群のなかで少数の伝世鏡にかぎって特別な大型鏡であることの問題は、このような衛氏朝鮮をめぐる東アジア情勢によって十分に説明できるだろう。

郡県の再編成

朝鮮半島に設置された郡県は、その後、漢王朝が対外的な積極策から内政重視に転換したことにより、前八二年に楽浪郡の東南と南に位置した臨屯・真番郡が廃止、前七五年には楽浪郡の東北に位置した玄菟郡が遼東に移転し、その領域のほとんどは楽浪郡に併合された。いわゆる大楽浪郡の成立である。この再編成によって楽浪郡は漢の東方支配の最前線に位置し、日本列島の倭人が中国文明に接するほとんど唯一の窓口となったのである。「楽浪海中に倭人あり」とは、この大楽浪郡の成立後の記事である。

楽浪郡治跡はピョンヤン市の南にあり、その周辺では楽浪官人たちを埋葬した墳墓が多数見つかっている。そのなかで、青銅短剣や朝鮮式車馬具など多数の在地的な遺物にともなって「夫租《ふそ》薉君《わいくん》」駝鈕《だちゅう》銀印《ぎんいん》が出土した貞栢洞一号墓は、郡県の再編成の情況をうかがう貴重な資料である。印文の「夫租」とは、半島東部の日本海側にある、もとの玄菟郡治であり、「夫租薉君」はその薉族の首長を示している（岡崎敬「『夫租薉君』銀印をめぐる諸問題」『朝鮮学報』四六号、一九六八年）。つまり、この銀印は玄菟郡の夫租県に住んでいた薉族の首長にたいして漢王朝が服属のしるしに与えたものであるが、夫租県の楽浪郡編入にともない、郡県内に住む異民族の支配を強化するため、漢が薉君をなかば強制的に楽浪郡治の近くに移住させたからだろう。郡県の再編成は薉君のように漢の内臣となった在地首長層に大きな変化をもたらした

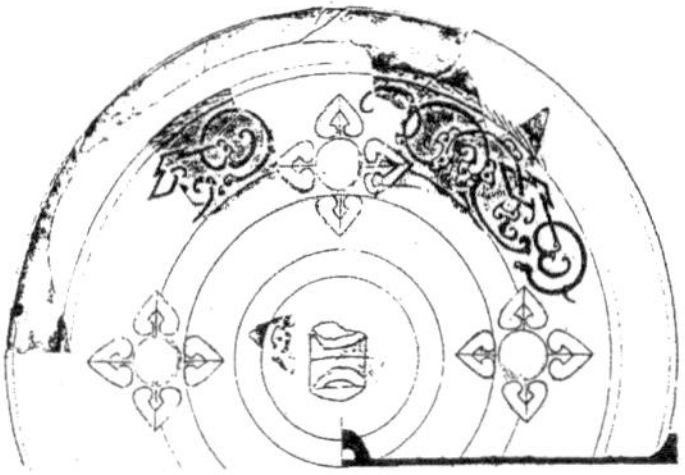

図11　楽浪梧野里の蟠螭文鏡
（漢鏡２期）

のである。

初期の楽浪墳墓から出土した漢鏡3期の鏡は、これまでに九面を数えるだけである。一人の埋葬につき一面がふつうで、すべて小型鏡である。この時期の楽浪墳墓は、前漢文物よりも青銅短剣や朝鮮式車馬具などの在地的な文物のほうが多く出土し、朝鮮青銅器文化の伝統がまだ強く残存していた。

韓地域出土の漢鏡

楽浪郡の支配は朝鮮半島の北部にかぎられ、半島南部には韓諸族が自立していた。青銅短剣や多鈕鏡などを指標とする朝鮮青銅器文化が早くから展開し、全羅北道の平章里遺跡では細形銅剣や銅矛などとともに漢鏡1期（前二世紀前半）の蟠螭文鏡が出土しており、衛氏朝鮮との交流をうかがうことができる。

楽浪郡設置後の漢鏡3期の鏡は、半島東南部の慶尚道から多く出土している。木棺墓と甕棺墓の共同墓地からなる慶尚南道茶戸里《たほり》遺跡では、一号木棺墓から漢鏡3期の星雲文鏡・五銖銭・青銅帯鉤・鉄書刀などの前漢文物が、細形銅剣をはじめとする多数の在地的な遺物とともに出土した。なかでも筆五本と鉄書刀の出土は、被葬者がすでに文字を使用し、楽浪郡と文字を媒介にしたコミュニケーションがはじまっていたことを示唆している（李健茂「茶戸里遺跡の筆について」『考古学誌』第四輯、一九九二年）。

同じように共同墓地を構成する慶尚北道朝陽洞遺跡では、その三八号木棺墓から青銅飾付き鉄剣や土器などにともなって漢鏡3期の銘帯鏡が四面まとまって出土している。この四面はいずれも銘帯鏡Ⅲ式に属し、径も六・四〜八・〇センチという粒ぞろいの組合せである。慶尚北道ではまた、漁隠洞遺跡から漢鏡3期の小型銘帯鏡が二面出土しているほか、池山洞出土と伝える漢鏡3期の小型銘帯鏡が六面知られている。この八面もすべて銘帯鏡Ⅲ式で、径も六・一〜八・二センチである。このように慶尚北道の三ヵ所の遺跡から出土した計一二面の漢鏡は型式的にまとまっていることから、それは楽浪郡から一括でもたらされたのち、それぞれの首長に分配されたものと考えられる。

『漢書』朝鮮伝には、「真番、辰国」が漢への朝貢を望んだにもかかわらず、衛氏朝鮮によって阻まれたという記事がある。これが漢と衛氏朝鮮と対立する原因のひとつになったのだが、その「辰国」はのちに「辰韓」と呼ばれる慶尚道に位置する国で、前二世紀から政治的なまとまりをもっていたことがわかる。大楽浪郡の成立後、慶尚道に漢鏡が集中し、文字を使用していたのは、このような前史があったからだろう。

楽浪郡・韓・倭

朝鮮半島と日本列島から出土する漢鏡3期の鏡は、ほとんどが前一世紀第2四半期の銘帯鏡Ⅲ式またはそれに並行する型式である。これは朝鮮半島における郡県の再編成の時期とちょうど一致している。夫租薉君の移住に示されるように、この時期の郡県の再編成は在地首長層にたいする政策と密接にかかわっていたことからみれば、周辺民族の首長たちに漢鏡をはじめとする前漢文物が贈与されたのも、漢王朝の一連の異民族政策として理解できるのではなかろうか。漢鏡の型式的なまとまり、郡県の再編成との年代的な一致、漢鏡の急速なひろがりといった現象の背景に、漢王朝の政治的な意図がみえかくれするのである。

地域別に漢鏡3期の鏡の出土をみると、楽浪地域は小型鏡ばかり九面、韓地域は小型鏡ばかり十数面であるのにたいして、倭地域は北部九州だけで中型鏡と小型鏡をあわせて一〇〇面あまりに達している。また、北部九州の須玖岡本D地点墓や三雲南小路一号墓には、伝世の大型鏡やガラス璧という特別な前漢文物があった。楽浪や韓とくらべて北部九州の突出はきわだっている。それが漢の異民族政策による贈与であったとすれば、膝元や近隣の民族に薄く、海を隔てた僻遠の倭人にきわめて厚い処遇といわざるをえない。それでは漢の支配体制のなかで倭人やほかの東夷諸族はいかなる位相にあったのだろうか。

内臣・外臣・朝貢国

漢王朝は、皇帝を中心に、内臣・外臣・朝貢国が同心円状にひろがる世界構造をもっていた（栗原朋信『秦漢史の研究』一九六〇年）。

その支配理念は華夷思想と王化思想である。華夷思想によって内と外とを区別するいっぽう、王化思想によって皇帝の徳は外なる「蛮夷」にもおよび、これを徳化する必要があった。この徳化した周辺民族は、漢の礼と法を奉じて臣属する外臣と絶域にあって徳を慕うだけの朝貢国とに分かれた。外臣のばあい、文化的な関係もさることながら、漢と外臣の双方にとって隣接するゆえに必然的に生じる利害の一致、すなわち国境の保全と軍事的な安全保障という側面が重きをなした。漢が衛満を外臣に封じたとき、財物とともに兵威を贈ったのはまさにその軍事的な安保協定にもとづくものであり、時代が下るが、「親魏倭王」に冊封《さくほう》された卑弥呼が狗奴国と交戦したとき、魏が官吏を派遣して詔書・黄幢《こうどう》をもたらしたのも、魏と外臣たる倭王との安保体制に則《のっと》ったからであろう。

この同心円状の空間秩序にたいして、皇帝に臣属した内臣と外臣には王・侯・君・長という階層的序列も同時に存在した。また、この空間秩序は、漢王朝と周辺民族の勢力関係によって変動した。内臣と外臣、あるいは外臣と朝貢国との中間的な性格をもつものが存在し、総じてみると、漢王朝のひろがりとともに、朝貢国が外臣へ、外臣が内臣へと求心的に昇進していく傾向があった。

漢は衛氏朝鮮を滅ぼしたのち、漢に降った衛右渠の子衛長やその家臣たちを列侯に封じたほか、「夫租薉君」のように郡県内に住む在地首長を内臣となした。いっぽう、新たに郡県の外縁に位置することになった韓諸族は漢の朝貢国という位相にあり、絶域にある倭にいたっては、漢が「伊都」や「奴」の首長を外臣に冊封する必然性はなく、同じように朝貢国として位置づけていたにちがいない。

しかし、海を隔てた絶域からの朝貢は、皇帝の徳の高さを示すものであり、漢王朝はとくにこれを歓迎した。漢鏡をはじめとする過分なほどの文物の贈与は、倭人が強くそれを所望したというより、やはり漢側の歓迎ぶりをあらわすものといえよう。

郡県の再編成によって大楽浪郡が成立したのが前七五年。その翌年、昭帝が二一歳で崩じ、後嗣をめぐる混乱ののち、民間に成長した武帝の曾孫が迎立される。これが名君のほまれ高い宣帝である。この時期、瑞祥《ずいしょう》がたびたび出現し、大赦や一般庶民への賜爵が頻繁におこなわれる。瑞祥の出現は天が皇帝の治世を賞賛していることのしるしであり、皇帝は大赦や賜爵によって人民に恩徳をほどこしたのである（西嶋定生『中国の歴史2　秦漢帝国』一九七四年）。絶域からの倭人の朝貢は、まさにこの瑞祥の出現と同じ意味をもち、それが倭人への厚遇につながったのではなかろうか。倭人にかんする『漢書』地理志の文章は、その点で示唆的である。「東夷はほかの蛮夷とちがって天性柔順であり、それは孔子が中国に道徳がおこなわれないのを悲しんで東夷に行こうとしたほどである、もっともなことである」という文章につづいて「楽浪海中に倭人あり……歳時をもって来たり献見すと云う」の一文で結ばれている。このいささか唐突にあらわれる倭人の朝貢記事は、その著者班固《はんこ》による儒教的な潤色を差し引くとしても、文脈から判断するかぎり、東夷の倭人にたいする高い評価とけっして無関係ではなかったことを示している。楽浪郡への倭人の朝貢、それは漢王朝にとっても歓迎すべき慶事だったのである。

東夷の王、大海を渡る

北部九州の首長墓

東夷王の朝貢

倭人の登場から半世紀あまりたった前漢末期の平帝のとき、西暦五年の王莽《おうもう》の上奏文に東夷王の朝貢が記録されている。『漢書』王莽伝に「東夷の王、大海を渡りて、国珍を奉ず」とあるのがそれである。東夷の諸族のなかで海を渡って朝貢したといえば、それは日本列島の倭人であった可能性が高い。

平帝は西暦一年にわずか九歳で即位し、のちに漢王朝を簒奪《さんだつ》する王莽が国政を総攬することになった。宣帝のときのように、天がその治世を賞賛していることのしるしである瑞祥がたびたび出現したため、王莽は人民に恩徳をほどこすべく、減税や貧民救済など一連の民生安定策を実施した。王莽の上奏文は、その徳を慕って、はるか南の越裳氏から白キジ、三万里のかなた黄支からサイが献上されたという文脈のなかで、東夷王の朝貢を報告したものである。瑞祥の出現や絶域からの朝貢が、はたして実際にあったのかどうかはわからない。ただ、王莽の輔政する漢王朝にとって、東夷のなかでも大海をこえた絶域からの来朝こそ歓迎すべきものであったことがその文脈から読みとれる。

この東夷王が日本列島の倭人であったか否か、あるいは平帝のときにその朝貢があったのか否か、この簡単な史料だけでは結論をだすことができない。しかし、日本列島から出土する前漢文物は、前一世紀中ごろ以来、漢と倭との交流が連綿とつづいていたことをものがたっている。

井原鑓溝遺跡

糸島平野の中央、三雲南小路の南一五〇メートル《メートル》ほどのところに前原市井原鑓《いわらやり》溝《みぞ》遺跡がある。十八世紀末に、井原村の農民が三雲村との接界で古鏡を掘りだした。その出土品はすべて現存していないが、三雲南小路遺跡の調査をおこなった青柳種信は、ここでも『同郡井原村所掘出古鏡図考』（一八二三年、『柳園古器略考』所収）を著し、その詳細を記録している。それによると、ひとつの壺（甕棺《かめかん》）のなかから数十面の鏡がばらばらに割れた状態で出土したほか、鎧《よろい》の板のようなものや刀剣の類があったという。鏡は、鈕の数からみると、本来は二一面以上あったことになる。その後、梅原末治氏は、青柳ののこした拓本類を再整理し、二七片から一八面の鏡を復元した（「筑前国井原発見鏡片の復原」『史林』一六巻三号、一九三一年）。

この一八面はすべて漢鏡4期（前一世紀第4四半期から一世紀第1四半期）の方格規矩四神鏡で、面径は一二・七〜一七・六センチの中型鏡である。王莽の新代（八〜二三年）をふくむ前漢代の方格規矩四神鏡を四型式に細分する私案によれば、II式が一面とIII式が一七面というまとまった型式構成となっている。この主体をしめる方格規矩四神鏡III式には、「漢有善銅出丹陽」「新有善銅出丹陽」「上大山見神人」「桼言之紀」ではじまる銘文に復元できるものがある。その「漢」は前漢王朝、「新」は王莽の新王朝を指し、また「桼」は王莽代に用いられた「七」の別表記であることから（拙稿「秦漢金文の研究視角」『古代文化』四三巻九号、一九九一年）、紀元前後から王莽の新代にかけての時期に位置づけられる。この鏡群には後漢代に下るものがふくまれず、型式にまとまりがあるため、王莽の新代に楽浪郡から一括の状態で贈与され、その人物の死とともに副葬されたものと考えられる。その時期は一世紀第1四半期である。

井原鑓溝甕棺墓は、二〇〇年以上も前の発見だけに、その実態はこんにちでは必ずしも明らかでない。しかし、青柳種信の記録を手がかりとして、一八面以上の方格規矩四神鏡や倭製の巴形銅器、鉄刀などの副葬品が復元された。漢鏡4期の鏡を出土した遺跡のなかでもとびぬけて豊富なその副葬品は、三雲南小路に後出する「伊都」の首長墓というにふさわしい内容である。漢鏡の年代からみて、それは三雲南小路の二、三世代のちに位置づけられ、この二基の墓が比較的近い位置にあることは、同族によって「伊都」の首長権が継承されたことを暗示している。王莽代の鏡をふくむ井原鑓溝の鏡群は、西暦五年の東夷王の朝貢記事より少し新しく、東夷王その人の墓ということはむずかしいが、同じ時代のできごとをものがたる重要な資料であることはまちがいない。

桜馬場甕棺墓

玄界灘に面した唐津平野は、『魏志』倭人伝にいう末盧《まつら》国の所在地である。朝鮮半島から海路、対馬国、一支（壱岐）国と渡り、九州島の最初の到着地がここ末盧国であった。この唐津平野の西はずれの砂丘に唐津市桜馬場《さくらのばば》遺跡がある。一九四四年、工事中に発見された合わせ口甕棺から銅鏡二面、巴形銅器三個、有鉤《ゆうこう》銅釧《どうくしろ》二六個、鉄刀片一点、ガラス玉一個が出土した。この甕棺は弥生後期初頭の指標とされる（杉原荘介・原口正三「佐賀県桜馬場遺跡」『日本農耕文化の生成』一九六一年）。

銅鏡の二面はともに漢鏡4期の方格規矩四神鏡である（図12）。その一面は径二三・二㌢の大型鏡で、鈕座の方格に方位をあらわす十二支銘、内区にTLV形のいわゆる規矩文の

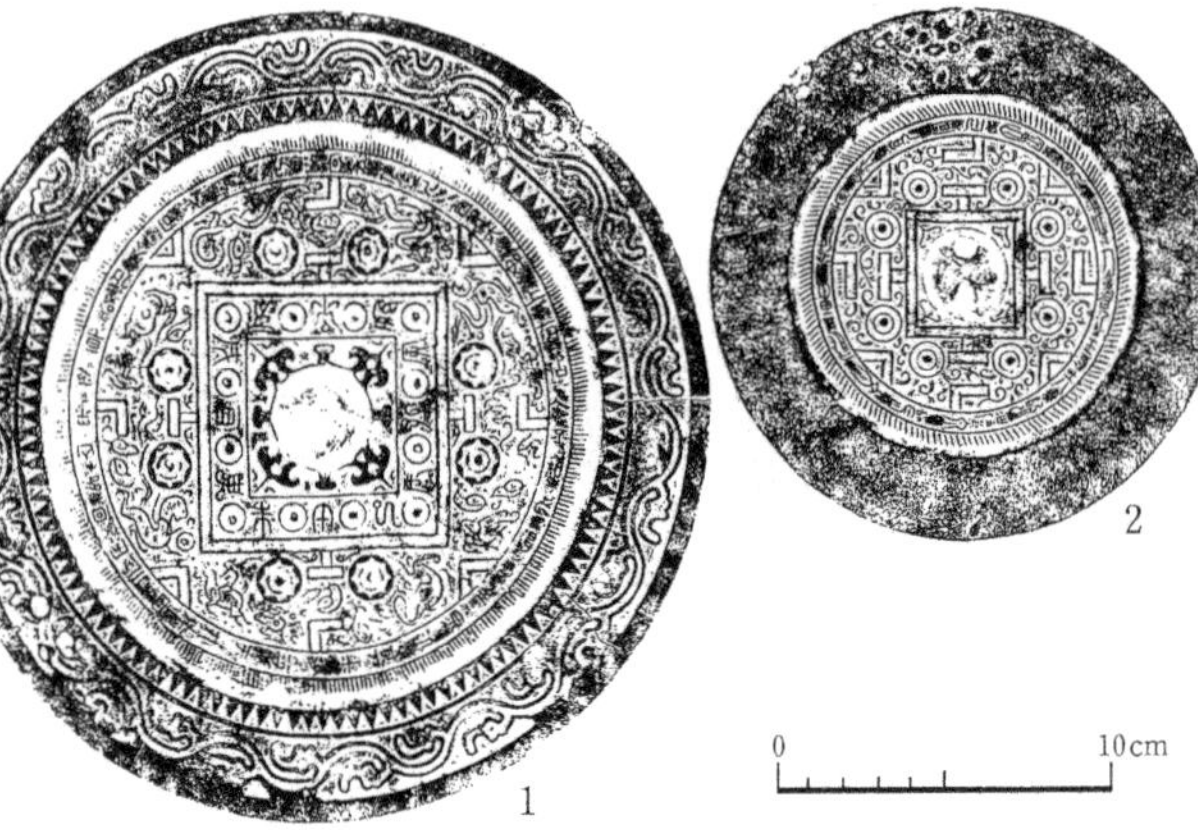

図12　桜馬場甕棺墓の方格規矩四神鏡（漢鏡4期）

間に青竜・白虎・朱雀・玄武の四神と瑞獣を配置している。銘文には官営工房の「尚方」作をうたい、外区に流雲文をめぐらせる。Ⅳ式に属す王莽代の優品である。もう一面は径一五・四センチの中型鏡で、鈕座《ちゅうざ》の方格や内区の文様は簡略化し、流麗な篆書《てんしょ》体の「上大山見神人」銘、無文の外区をもつ。Ⅲ式に属し、紀元前後に位置づけられる。この二面の方格規矩四神鏡は、井原鑓溝の鏡群と同じ王莽代にもたらされたものであろう。

　桜馬場は、甕棺に漢鏡4期の方格規矩四神鏡や巴形銅器を副葬している点、井原鑓溝と共通している。漢鏡も同時期に輸入したものであり、墓の年代は一世紀第1四半期に位置づけられる。井原鑓溝とくらべて桜馬場甕棺墓は、漢鏡の数では見劣りするものの、大型鏡をふくむ二面の漢鏡や鉄刀、多くの倭製銅器をもつことから、「末盧」の首長墓と考えてよいだろう。

それ以前の「末盧」の首長墓は、唐津平野の中央、松浦川の東岸にあった。弥生前期末から中期前半の唐津市宇木汲田遺跡では、いくつかの甕棺墓から朝鮮製の多鈕細文鏡や細形銅剣・矛・戈などが出土し、階層分化と首長墓の形成がはじまったことがわかる。弥生中期中ごろから後半には、宇木汲田に近い柏崎石蔵から中細形銅矛や朝鮮製のいわゆる触角式有柄銅剣が出土し、柏崎田島六号甕棺墓からは漢鏡3期の小型鏡が出土している（唐津湾周辺遺跡調査委員会編『末盧国』一九八二年）。それから半世紀あまり、松浦川東岸から青銅器を出土する顕著な遺跡はなくなり、かわって唐津平野の西はずれの桜馬場に突如として首長墓が出現したのである。弥生中期から後期へ、「末盧」では異なる集団に首長権が移っていったかのようである。

三津永田遺跡

佐賀平野にのびる丘陵の先端に位置する神埼町吉野ヶ里遺跡は、弥生時代の拠点的な環濠集落とその墓地として有名である。弥生中期には、共同墓地とは離れて首長一族を埋葬する大型墳丘墓をつくり、多くの甕棺墓に銅剣を副葬していた。なかでも朝鮮製と考えられる有柄銅剣とガラス管玉を出土した甕棺墓は、この地域一帯を統轄する首長を埋葬したものであろう。しかし、弥生後期前半の一時期、この地域の首長墓は北三キロ足らずの三津永田《みつながた》遺跡に移動する。

吉野ヶ里丘陵の山麓近くにある東背振村三津永田遺跡は、弥生前期から後期まで一〇〇基以上の甕棺墓・箱式石棺墓・土坑墓からなる墓地である。弥生後期の甕棺墓からこれまでに漢鏡4期の鏡三面が出土している（金関丈夫・坪井清足・金関恕「佐賀県三津永田遺跡」『日本農耕文化の生成』一九六一年）。成人男性を埋葬した一〇四号甕棺墓は、棺内に銅鏡一面、棺外に鉄刀一本を副葬していた。弥生後期前半の三津式の指標とされるその甕棺は、棺内に朱を塗り、墓上に板石の標識を置いていた。鏡は内区に竜・虎・鳥・羽人などの瑞獣をあらわし、「桼言之紀従鏡始」の七言句ではじまる流麗な篆書《てんしょ》体の銘文と流雲文の外区をもつ獣帯鏡（径一四・三センチ、図13の3）で、製作年代は王莽代にある。一一五号石蓋甕棺墓から出土した小型の虺竜《きりゅう》文鏡（径九・二センチ、図13の2）は、破砕のため鈕の部分を欠くが、乳の間に逆S字形の雲気文と小鳥をいれ、厚みのある無文の周縁をもつ。また、別の石蓋甕棺墓からは「内清以昭明」ではじまる小型の銘帯鏡（径九・〇センチ、図13の1）が出土している。

三津永田に隣接する神埼町上志波屋《かみしわや》遺跡では、箱式石棺墓から「昭明」銘帯鏡（径九・

六センチ）が出土し、志波屋三本松遺跡では甕棺墓から虺竜文鏡が出土している。これらの遺跡はもとは三津永田と同一の墓地であり、五基の墓に一面ずつ漢鏡が分有されていたのであろう。そのなかでも中型の獣帯鏡と鉄刀を副葬した一〇四号甕棺墓は、ほかの小型鏡一

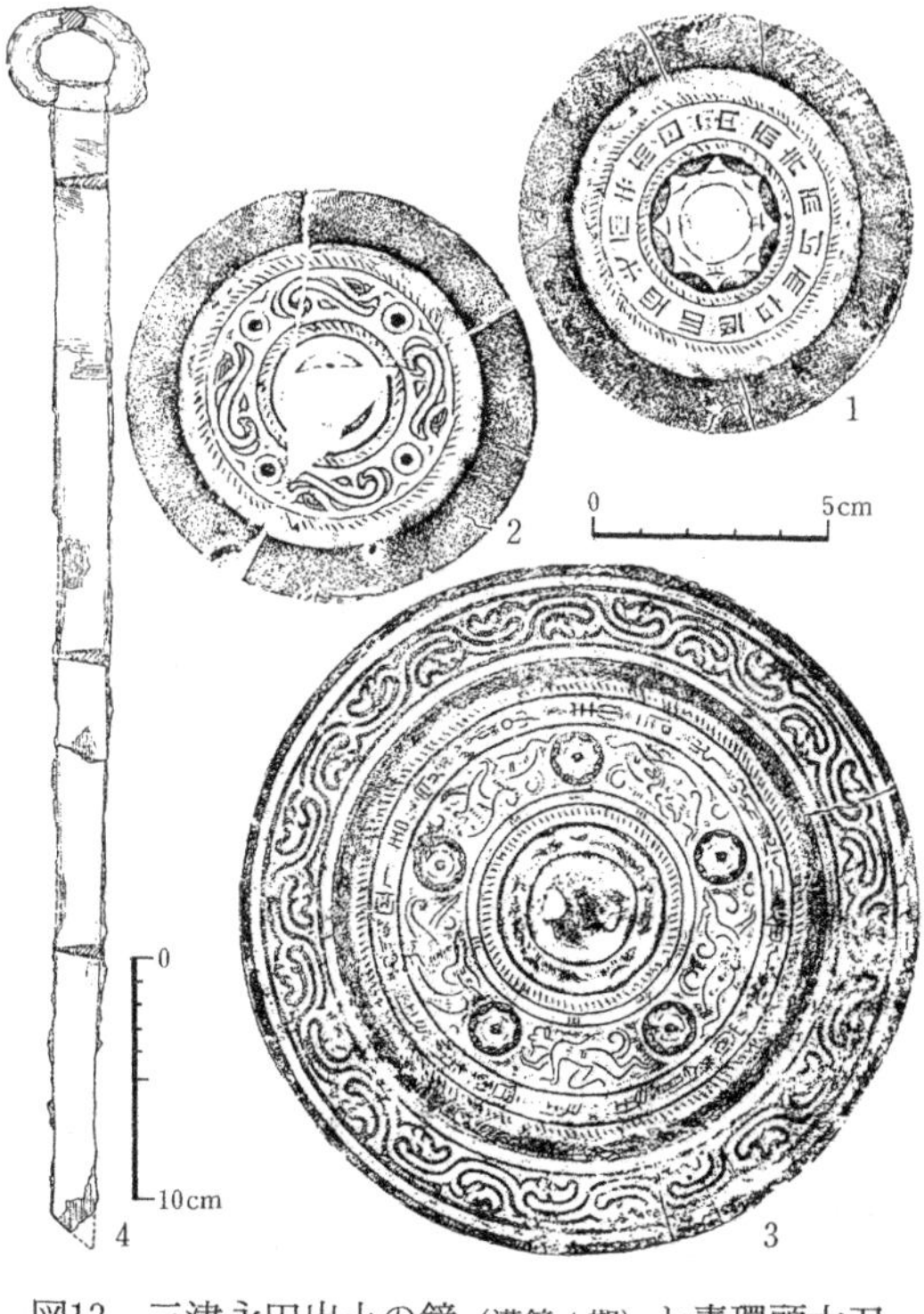

図13　三津永田出土の鏡（漢鏡４期）と素環頭大刀

面だけの四基よりも優位にあり、首長墓と考えられる。

ここではつぎの二点に注意しておきたい。第一に、三津永田には、井原鑓溝や桜馬場のような豊富な副葬品をもった甕棺墓はない。傑出した首長はいなかったかわり、首長は中型鏡、そのほかの有力者は小型鏡を一面ずつ分有し、みな同じ共同墓地に埋葬された。第二に、五面の漢鏡を出土した三津永田は、吉野ヶ里の墳丘墓に後出する首長一族の墓地である。弥生中期から後期への推移のなかで、「末盧」と同じように、首長墓が移動した可能性が大きい。

素環頭大刀

三津永田一〇四号甕棺墓から出土した鉄刀は、全長五〇チセンあまりの素環頭《そかんとう》大刀である（図13の4）。井原鑓溝のいわゆる刀剣の類や桜馬場の鉄刀片もまた、これと同様の素環頭大刀であったと推定される。前漢後期の中国では突く鉄剣から切る鉄刀へと転換しつつあり、これらの鉄刀の伝来はその動向を反映したものである。福岡市樋渡六二号甕棺墓から漢鏡3期の銘帯鏡にともなって出土した全長三四チセンの素環頭小刀は、日本列島における鉄刀のもっとも早い例であるが、武器としての大刀は、三津永田など漢鏡4期の鏡にともなう例が最初である。ここでは素環頭大刀という漢の新しい武器を「蛮夷」の倭人が入手したことについて検討してみよう。

漢王朝はその外臣の統治を保障するために、軍事的な安保協定を結び、武器を供与したことを前章（四三〜五一頁）に述べた。漢と韓や倭との交渉がはじまった宣帝期（前一世紀第2四半期）、韓や倭は朝貢国として位置づけられていたから、漢鏡をはじめとする多くの財が与えられたものの、そこには漢の武器類はふくまれていなかった。ところが、東夷王が大海を渡って朝貢する紀元前後になると、倭の地で漢鏡4期の鏡とともに漢の素環頭大刀が出現する。これにたいして、韓の地ではこの新しい武器はまだ発見されていない。たとえば、朝鮮半島の最南端、慶尚南道の良洞里遺跡では、漢鏡4期の方格規矩四神鏡に鉄剣や鉄矛などの在地的な武器がともなっているが、鉄刀は出土していない。このことから、北部九州から出土した漢の新しい武器の素環頭大刀は、漢王朝が倭人にたいして特別に贈ったものと推測される。さらに、その下賜品のなかに武器が新たに加えられたことは、朝貢国から外臣へと倭人の位相が上昇したことを示唆している。すなわち、魏が倭王卑弥呼に与えた下賜品のなかに「銅鏡百枚」のほか「五尺刀二口」があったことから類推すれば、素環頭大刀は漢王朝が倭人を外臣に冊封したことを象徴するものと考えられる。漢王朝が領域内に配備し、安保協定にもとづいて隣接する外臣にも与えたであろう軍馬や弩《ど》などの実戦的な兵威とはちがって、素環頭大刀だけの贈与には儀礼的・象徴的な意味しかなかったかもしれない。しかし、孔子が賞賛するほどの道徳的な東夷、そのなかでも大海をこえた絶域にある倭の首長を臣属させることは、王莽の輔政する漢王朝にとって大きな政治的意義をもつものであった。それが倭の首長を「王」として認知し、冊封体制への編入につながったことは想像にかたくない。西暦五年の東夷王の朝貢記事は、素環頭大刀からの推論とあわせ、倭人の冊封を示唆するものと理解できるのである。

これを倭の側からみてみよう。漢鏡3期の鏡が流入した前一世紀、楽浪郡との交渉の中枢にあった北部九州の盟主的な「伊都」や「奴」の首長が副葬品に選んだ武器は、倭製の青銅器であった。なかでも銅矛がもっとも尊重された。このころ北部九州では倭製もしくは韓製の鉄剣・鉄戈・鉄矛が普及しはじめたが、それを墓に副葬したのはB群やC群に分類した立岩の首長以下の階層であった。韓製をふくむ新しい鉄武器よりも伝統的な青銅武器のほうが威信財として尊重されたのである。ところが、漢鏡4期の鏡が流入する紀元前後、「伊都」や「末盧」あるいは三津永田の首長は、青銅武器にかえて鉄製の素環頭大刀を副葬するようになる。弥生中期から後期へ、上位首長の権威と武力の象徴が青銅武器から素環頭大刀に転換し、首長墓の副葬品から完全に脱落した青銅武器は、中広形や広形の銅矛・銅戈となって集団全体が共有する祭祀的な埋納品に転化する。このとき北部九州の盟主的な首長が、韓地域と共通する鉄剣・鉄矛・鉄戈などの鉄武器ではなく、鉄刀だけをとくに副葬品に選んだ理由は、それが漢王朝から贈られ、その権威を帯びた威信財だったからにほかならない。

鏡の分割と伝世

二塚山遺跡

三津永田遺跡の東三キロほどに佐賀県上峰町・東背振村二塚山《ふたつかやま》遺跡がある。南北にのびる丘陵上に甕棺墓・土坑墓・箱式石棺墓の計二五〇基あまりからなる弥生時代の共同墓地があり、そのほぼ全体が発掘された（石隅喜佐雄・七田忠昭編『二塚山』佐賀県文化財調査報告書第四六集、一九七九年）。墓の分布によって報告書はこの墓地を一二の小群に分けている。第一群の一五号甕棺墓は、弥生中期後半の立岩式で、棺内に漢鏡3期の連弧文銘帯鏡（径一五・九センチ）を副葬していた。つづく弥生後期前半では、壮年女性を埋葬した第八群の七六号甕棺墓から漢鏡4期の「昭明」銘帯鏡（径九・二センチ）、熟年男性を埋葬した第一一群の二九号石蓋土坑墓から同じ漢鏡4期の獣帯鏡（径一三・六センチ）が出土している。また、この二九号墓に隣接する四六号甕棺墓は、棺内に小型仿製《ぼうせい》鏡、棺外に鉄矛を副葬し、熟年女性を埋葬していた。中型の獣帯鏡は男性、小型の銘帯鏡と仿製鏡は女性に属していたのである。

二塚山における漢鏡4期の鏡については、その特異な出土状態が注意される。七六号甕棺墓の銘帯鏡は、甕棺口縁部の目張り粘土内から破砕された状態で出土し、二九号石蓋土坑墓の獣帯鏡も同じように、蓋石の目張り粘土内から破砕された状態で出土した。また、二塚山の北にある石動四本松《いしなりよんほんまつ》遺跡の三二号甕棺墓でも、銘帯鏡を破砕ののち破片をていねいに重ねて甕棺外に副葬していた。いずれも通常の副葬状態ではなく、埋葬の最終段階に漢鏡を打ち割り、棺外に副葬する儀礼がおこなわれたのである。

首長権の移動

二塚山遺跡において漢鏡を出土する墓の分布をみると、漢鏡3期は南の第一群、漢鏡4期は北の第八群と第一一群にあり、時期によって群の間を移動していることがわかる。それぞれの小群が代々の家族墓区とみるなら、漢鏡を保有した族長は、同一家系に固定した世襲ではなかったといえる。

二塚山・吉野ヶ里・三津永田など近接する墓地のなかでみても、青銅器をもつ首長墓は同一遺跡での継続性を欠いている。すなわち、朝鮮製をふくむ弥生中期の銅剣は吉野ヶ里の墳丘墓に集中し、つづく漢鏡3期の鏡は二塚山一五号墓が唯一の例、漢鏡4期の鏡は三津永田に五面と二塚山に二面あり、そのなかでは中型鏡と素環頭大刀を副葬した三津永田一〇四号墓がやや優位にある。したがって、この佐賀平野の遺跡群では、弥生中期から後期にかけて、吉野ヶ里から二塚山、そして三津永田へと青銅器を副葬する首長墓が移動していたようであり、集落を単位とする族長も、平野単位の社会を統率する上位の地域首長も、安定した世襲的な権力を掌握するにはいたっていなかったと考えられる。

この地域では、漢鏡3期の鏡はわずか一面であるのに、漢鏡4期の鏡は七面、小型仿製鏡を加えると計八面に増加している。一面ずつ分散し、径一〇《セン》《チ》以下の小型鏡が多いとはいうものの、漢鏡を保有する階層が確実にひろがっていることがわかる。

韓鏡の流入　漢鏡3期の小型銘帯鏡（日光鏡）を模倣した仿製鏡が二塚山四六号甕棺墓から出土している（径五・七《セン》《チ》）。これと同じ鋳型でつくった同笵《どうはん》鏡が韓国の慶尚北道漁隠洞遺跡に四面、慶尚北道坪里洞遺跡に一面ある（小田富士雄「日・韓地域出土の同笵小銅鏡」『古文化談叢』第九集、一九八二年）。漁隠洞の鏡は、漢鏡3期の銘帯鏡（日光鏡）二面と漢鏡4期の虺竜文鏡一面とともに出土し、坪里洞の鏡も漢鏡4期の虺竜文鏡と共伴しているから、同笵鏡を分有するこの三遺跡は前一世紀末に位置づけられる。

このような小型仿製鏡は、漁隠洞では六種一一面、坪里洞では四種四面が知られており、韓地域でつくられた鏡と考えられる（高倉洋彰「弥生時代小形仿製鏡について（承前）」『考古学雑誌』第七〇巻第三号、一九八五年）。紀元前後には、漢鏡を模倣した鏡が朝鮮半島の東南部でつくられ、その一部が日本列島に流入したのである。

漁隠洞から出土した別の小型仿製鏡は、大分県竹田市石井入口遺跡に同笵鏡がある（径五・五㌢）。この遺跡は、大野川の上流、阿蘇山の火山灰台地に位置する弥生後期後半の集落跡であり、鏡はその弥生終末期の八二号住居跡から廃棄された状態で出土した。鏡の製作から廃棄まで二〇〇年近い年月が経過しているのは、この集落の住民によって韓鏡が宝器として大切に伝世されたからであろう。北部九州の甕棺地帯では、鏡を入手した人の死とともに墓に副葬されたが、それ以外の地域では鏡を墓に副葬する風習がなく、宝器として長くそれを伝世したのである。

須玖遺跡群　福岡平野に伸びる春日丘陵一帯は「奴」の中心地である。漢鏡3期の鏡を大量に副葬した須玖岡本《すくおかもと》D地点甕棺墓に後続する首長墓はまだ発見されていないが、春日丘陵とその周辺にひろがる須玖遺跡群では、これまでに四ヵ所で漢鏡4期の鏡が出土している。そのひとつ須玖岡本B地点は、D地点の北一〇〇㍍ほどにあり、方《ほう》格規矩《かくきく》四神鏡一面が採集されている。ゴシック体風の「日有喜」銘をいれた方格規矩四神鏡Ⅲ式（径一三・九センチ）で、内区の半分ほどが欠けている（図14）。B地点では別に細形銅剣や漢鏡3期の小型銘帯鏡（日光鏡）も出土し、「奴」の首長に近い有力者の墓域として継続していたことがわかる。また、ここから一キロあまり南の宮の下遺跡一五号甕棺墓では、虺竜《きりゅう》文鏡が円形銅飾や鉄剣とともに出土し（春日市教育委員会編『奴国の首都　須玖岡本遺跡』一九九四年）、東南一・五キロの立石遺跡では甕棺墓から獣帯鏡《じゅうたいきょう》（径一一・九センチ）が採集されている（図14）。この両遺跡は、須玖岡本から少し離れた位置にあり、「奴」首長の膝下にある族集団の墓域であろう。

須玖岡本の西北五〇〇メートルの須玖唐梨《とうなし》遺跡は、平地にひろがる集落跡であるが、径約一〇センチの銘帯鏡の周縁部の破片が出土している。割れ口の二ヵ所に穿孔《せんこう》した痕跡があり、割れ口や縁部を研磨していることから、完全な鏡を意図的に分割し、鏡片として使用した破鏡《はきょう》と考えられる。破鏡としては、北部九州で最古の例である。

須玖遺跡群から外れるが、東北四キロほどの福岡市宝満尾《ほうまんお》遺跡は甕棺墓や土坑墓などからなる共同墓地であり、その四号土坑墓から一世紀初頭の「昭明」銘帯鏡（径一〇・六センチ）が割れた状態で出土した（図14）。宮の下遺跡や立石遺跡と同じように、「奴」を構成する族集団の墓域である。

福岡平野の「奴《な》」地域では、須玖遺跡群を中心として平野の各地に集落が分散し、それぞれに墓地が営まれていた。漢鏡3期の鏡は須玖遺跡群の中心にある須玖岡本墓地に集中していたが、漢鏡4期の鏡はほかの墓地にも分かれて発現するようになる。宮の下遺跡や立石遺跡・宝満尾遺跡は、「奴」を構成する族集団の墓域であり、その鏡は「奴」の首長からそれぞれの族長に分配されたものであろう。径一〇チセン前後の鏡を一面ずつ分配するやり方は、三津永田遺跡を中心とする佐賀平野のばあいと同じであり、ここでも漢鏡を保有する階層のひろがりを確かめることができる（図14）。

破鏡とそのひろがり

北部九州では、漢鏡3期の鏡はすべて完全な形のまま甕棺墓に副葬していたが、漢鏡4期の鏡になると、その取扱い方に変化のきざしがあらわれる。破鏡はそのひとつであり、須玖唐梨遺跡から出土した破鏡は、銘帯鏡を意図的に割って穿孔や研磨を加えていた。また、佐賀県二塚山遺跡の七六号甕棺墓では、甕棺口縁部の目張り粘土内から銘帯鏡が破砕された状態で出土し、二九号石蓋土坑墓でも蓋石の目張り粘土内に破砕した獣帯鏡を埋めこんでいた。二塚山に隣接する石動四本松遺跡の三二号甕棺墓や福岡県八女《やめ》市茶ノ木ノ本三号甕棺墓では、割った鏡片を甕棺の外に重ね

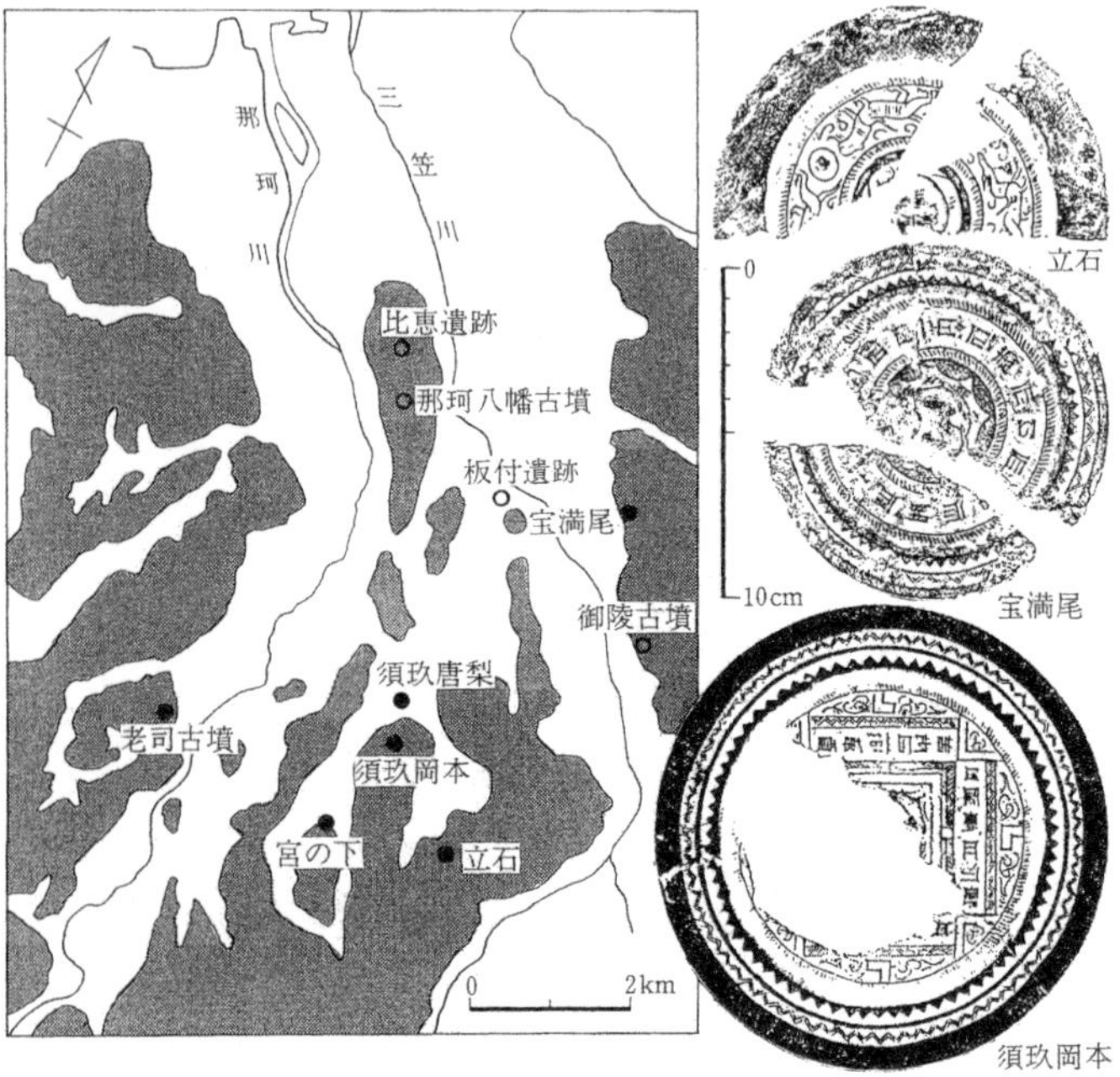

図14　福岡平野の鏡（漢鏡 4 期）　○はそのほかの遺跡

立石：柳田康雄「青銅製鋤先」（『鏡山猛先生古稀記念古文化論攷』1980年）
宝満尾：山崎純男『宝満尾遺跡』（福岡市埋蔵文化財調査報告書第26集，1974年）
須玖岡本：中山平次郎「銅鉾銅剣発見地の遺物追加（上）」（『考古学雑誌』第 8 巻第10号，1918年）

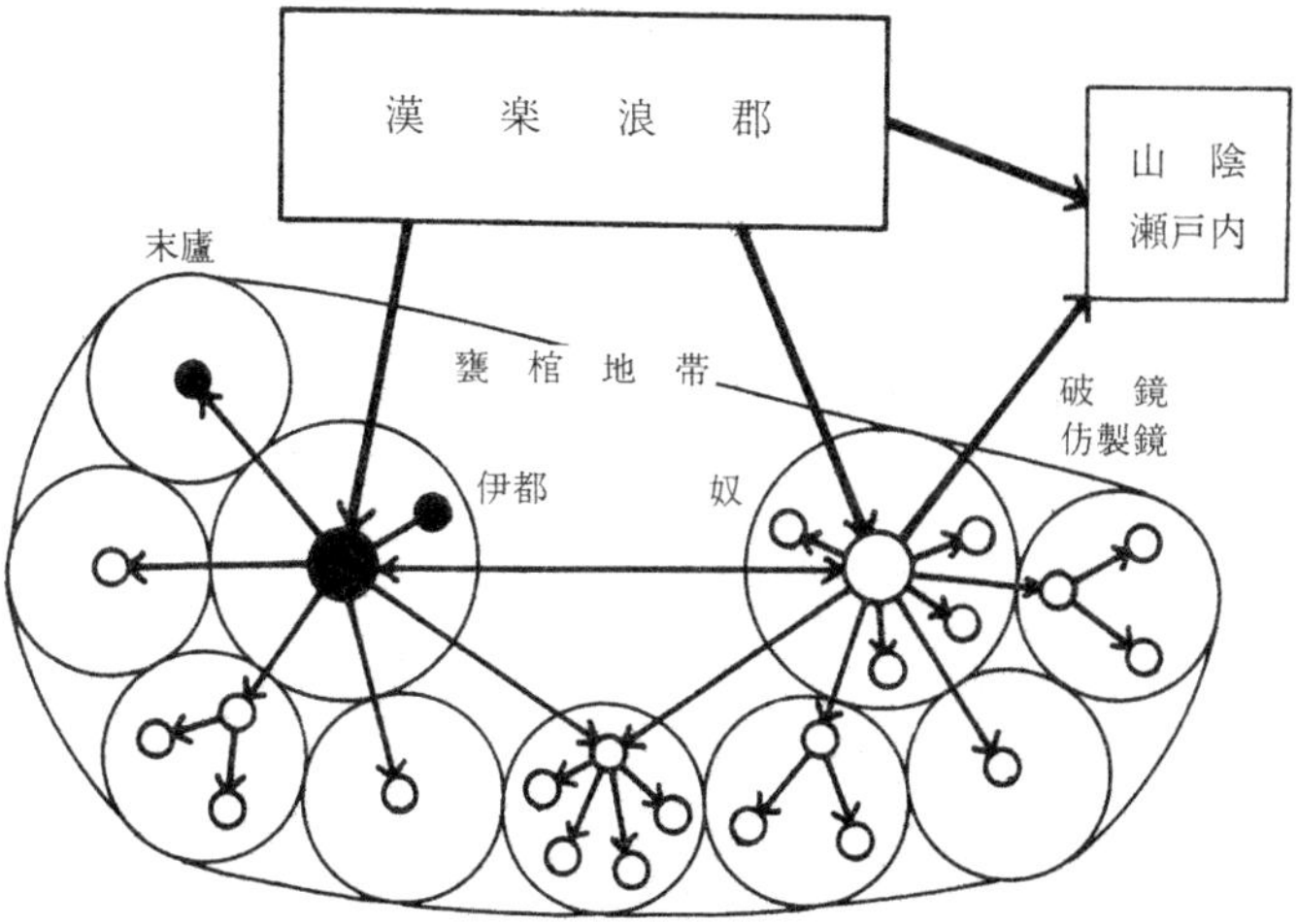

図15　北部九州における鏡の分配（漢鏡4期）

て埋めていた。これらは通常の副葬状態ではなく、埋葬の最終段階に故意に鏡を打ち割って埋める儀礼がおこなわれたことを示している。藤丸詔八郎氏は、副葬の前から鏡に赤色顔料を塗る風習があり、副葬時に鏡を意図的に破砕して埋めるとともに、破片の一部を取りだして破鏡として利用する儀礼を推測している（「破鏡の出現に関する一考察」『古文化談叢』第三〇集、一九九三年）。このような漢鏡にたいする新しい呪術的な儀礼のなかで、破鏡が創出された可能性は十分に考えられる。

しかし、中国製ガラス璧を分割し再加工した垂飾や有孔円盤が三雲《みくも》南小路二号墓や東小田峰一〇号墓から漢鏡3期の鏡にともなって出土していた。材質は異なるものの、舶載の貴重財を分割によって水増しし、従属する首長層に分配することは以前からおこなわれていたのである。漢鏡4期には鏡の保有者が確実にひろがっており、この需要の増加に対処するひとつの方策として破鏡が創出された可能性もまた十分に考えられる。そして、鏡の大きさに階層的な価値の差がみられたように、完全な鏡と破鏡との間にも同じような階層的な格差があったにちがいない。

破鏡の出現の契機はどのようであれ、それは結果的に漢鏡の保有者の拡大をもたらした。とくに漢鏡の階層的なひろがりとともに、北部九州の甕棺地帯をこえて地域的にも大きくひろがったことは重要である。九州では、南は筑後川をこえて熊本平野や阿蘇地域、東は遠賀《おんが》川をこえて豊前・豊後地方にまでおよび、なかでも豊後の大野川流域に比較的多く分布している。このような新たに漢鏡を入手した肥後・豊前・豊後地方では、ほとんどが破鏡であり、弥生後期後半ごろの住居跡に廃棄された状態で出土することが多い。破鏡への分割・再加工はおそらく漢鏡の輸入元である「伊都」か「奴」の地域でおこなわれたのであろうが、破鏡の分布はむしろ周辺の非甕棺地帯に多く、おもに周辺地域向けに破鏡がつくられたのかもしれない。製作から廃棄まで二〇〇年近い年月が経過しているのは、大分県石井入口遺跡から出土した韓鏡と同じように、宝器として大切に伝世されたからであり、ここにも鏡にたいする特別な取扱いがうかがえる。

鶴尾神社四号墓の鏡

世代をこえて伝えられた鏡を伝世鏡《でんせいきょう》という。伝世鏡は最初、前期古墳から三世紀の三角縁神獣鏡にともなって古い時期の漢鏡が出土することによって注意され、とくに高松市石清尾山《いわせおやま》古墳群の出土といわれる方格規矩四神鏡に長年の使用によるいちじるしい磨滅と、破損ののち補修してまで使ったことが認められたため、それが魏鏡とともに輸入されたものではなく、弥生時代以来、日本列島で長く伝世したものと考えられたのである（梅原末治『讃岐高松石清尾山石塚の研究』京都帝国大学文学部考古学研究報告第一二冊、一九三三年）。その鏡は四分の一ほどが欠けていたが、一九八一年、石清尾山古墳群の一角にある鶴尾《つるお》神社四号墓からのこりの部分が出土し、ほぼ完全な形に復元されるとともに、その出土地が明確になった。この墳墓は尾根上に立地する前方後円形の積石墓（全長四〇メートル）で、弥生終末期に位置づけられている。

鏡は径一八・二センチ、周縁に画像文、方格に十二支の銘文、内区に四神と瑞獣・四葉座乳・TLV形をいれ、「漢有善銅出丹陽」ではじまる銘文をもつ（図16の3）。わたしのいう方格規矩四神鏡Ⅲ式に属し、福岡県井原鑓溝《いわらやりみぞ》遺跡の鏡群と同じ後一世紀初頭のものである。使用時に二つに割れたらしく、それをとじあわせる四対の補修孔をあけている。文様

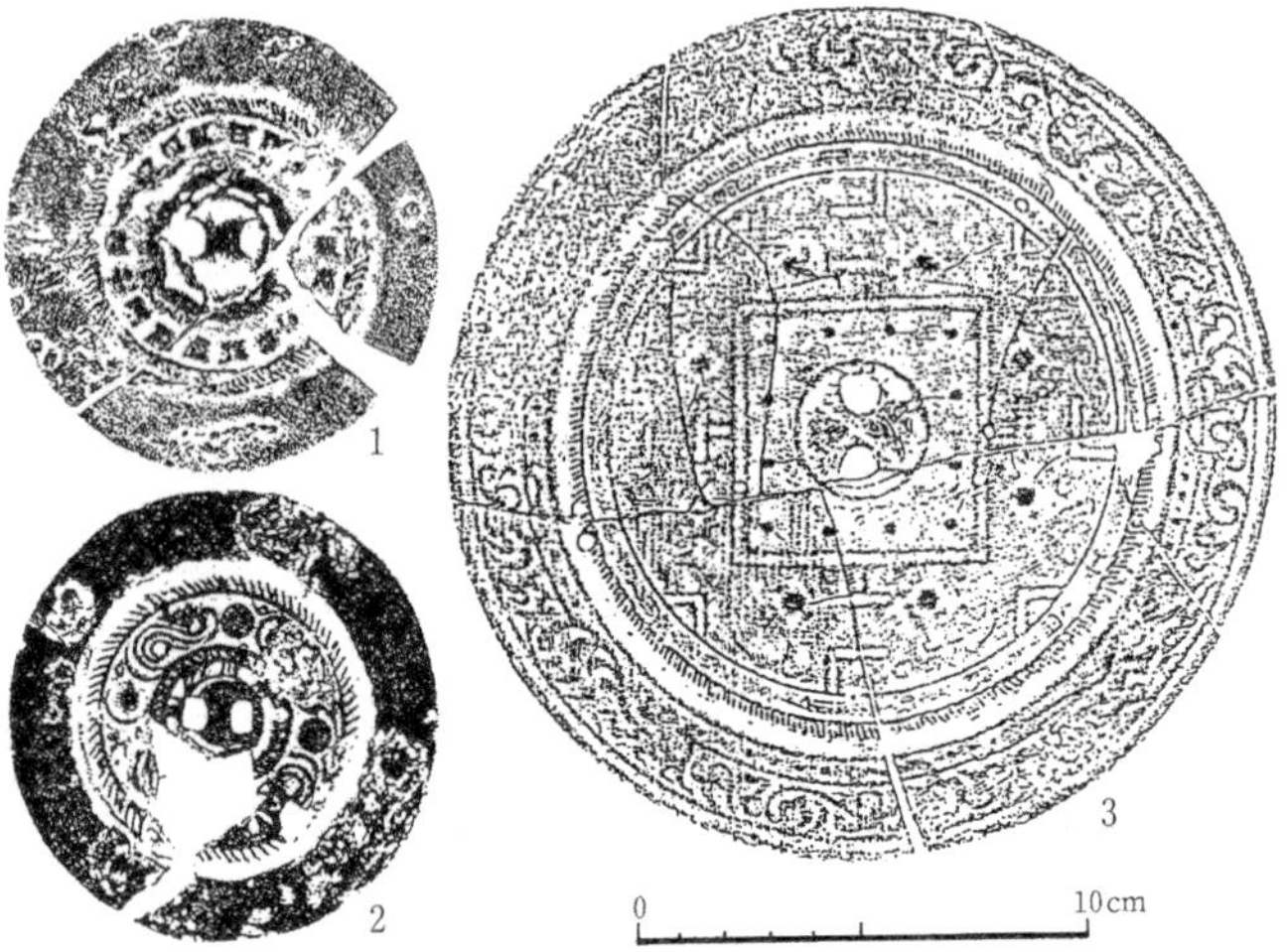

図16　漢鏡４期の伝世鏡

1 広島県中出勝負峠８号墓（広島県埋蔵文化財調査センター『歳の神遺跡群・中出勝負峠遺跡群』1986年），２ 岡山県鋳物師谷１号墓（春成秀爾ほか「備中清音村鋳物師谷１号墳墓調査報告」『古代吉備』第６集，1969年），３ 香川県鶴尾神社４号墓（渡部明夫・藤井雄三編『鶴尾神社四号墳調査報告書』1983年）

の全体が不鮮明で、周縁などの角が丸みをもっている。製作から二〇〇年ほどの間、割れたところをとじあわせて補修しながら、大切に伝世されたのである。

　長年の伝世によって文様が不鮮明になったとする梅原氏の説にたいして、鏡の鋳造不良によるものと考える反対意見もあった。しかし、鶴尾神社四号墳の調査を担当した渡部明夫氏は、一段高い周縁に接した内区の櫛歯《くしは》文帯や四葉座乳の基部など磨滅を受けにくい部分には比較的鮮明な文様をとどめていることから、模糊《もこ》とした文様は鋳造不良に原因があるというより、手ずれや研磨による磨滅の可能性のほうが高いと指摘している（渡部明夫・藤井雄三編『鶴尾神社四号墳調査報告書』一九八三年）。この詳細な観察によって、模糊とした文様の問題はほぼ決着したといえよう。

伝世の証拠

漢鏡4期の伝世鏡は、ほかに大阪府茨木市紫金山《しきんざん》古墳の「新有善同」銘方格規矩四神鏡や正始元年銘三角縁神獣鏡と共伴した兵庫県豊岡市森尾古墳の方格規矩四神鏡、山梨県中道町大丸山古墳の八禽鏡《はちきんきょう》などが知られていたが、近年来、小規模な出現期の古墳が明らかになるにつれて、その数が少しずつ増加してきた。山口県田布施町国森古墳・広島県千代田町中出勝負峠《なかいでしょうぶたお》八号墳（図16の1）・高知県宿毛《すくも》市高岡山二号墳から銘帯鏡（昭明鏡）、北九州市南方浦山古墳・島根県八雲村小屋谷三号墳・岡山県清音《きよね》村鋳物師谷《いぶしだに》一号墳（図16の2）から虺竜文鏡、神戸市天王山四号墳から八禽鏡、岐阜県美濃市観音寺山古墳から「王氏作」方格規矩四神鏡がそれぞれ出土している。

この八例は北部九州の甕棺地帯からはずれた西日本の各地に点在している。いずれも十数メートルていどの小さな墳墓で、高岡山二号墳から碧玉製石釧が出土しているのをのぞけば、畿内的な前期古墳にみるような副葬品は出土していない。埋葬施設も土坑に木棺を直接埋めた簡単なものである。鏡は観音寺山古墳の方格規矩四神鏡が径二三・六㌢の大型鏡であるほかは、すべて径一〇㌢以下の小型鏡であり、磨滅によって文様が不明瞭となっているほか、中出勝負峠八号墳・高岡山二号墳・小屋谷三号墳・鋳物師谷一号墳・観音寺山古墳では意図的に破砕された状態で鏡が出土した。鏡を割って埋めることは、北部九州の弥生後期にはじまり、三角縁神獣鏡や古墳時代の仿製鏡にはほとんど例をみなくなる、弥生時代の風習である。このような墳墓や鏡にあらわれた特徴は、その被葬者が前方後円墳や三角縁神獣鏡の配布にみるような倭政権の新しい体制にいまだ組みこまれていなかったことを示している。

鶴尾神社四号墓の発見によって伝世鏡の問題はほぼ決着したかにみえたが、模糊とした文様を踏み返しによる鋳造不良と考える説が最近になって提起された（立木修「後漢の鏡と三世紀の鏡」『日本と世界の考古学』岩崎卓也先生退官記念論文集、一九九四年）。踏み返しというのは、古い鏡に押しあてた粘土を鋳型として同型の鏡を簡単かつ大量につくる鋳造方法である。中国では戦国鏡以来、いったん銅鏡をつくったのち、これを原型に多くの同型鏡をつくることがおこなわれ、踏み返し鏡は広義の同型鏡にふくめられる。踏み返しのばあい、原型となった鏡よりも文様がにぶく、粘土型を焼き固めたり銅湯が固まるときに収縮するため、原型の鏡よりもいくぶん小さくなる特徴がある。五世紀後半の日本列島にひろがる画文帯《がもんたい》神獣鏡や画像鏡が三〇〇年ほどさかのぼる漢鏡を原型に踏み返したことは、多数の同型鏡の存在や大きさのちがいによって実証的に確かめられている。

踏み返し説は鏡の伝世を否定し、古墳のつくられる三世紀ごろに踏み返し鏡の製作時期を求めている。しかし、五世紀の踏み返し鏡のように、それが実証されているわけではない。むしろ、鶴尾神社四号墓の鏡のように、文様が磨滅し、補修を加えてまで使用していた鏡があり、伝世した破鏡にもいちじるしい磨滅があること、その多くが在地的な墳墓から出土し、鏡を破砕して埋める古い風習をとどめていること、鉛同位体比の分析によると、中出勝負峠八号墳・南方浦山古墳・小屋谷三号墳・鋳物師谷一号墳の鏡はすべて前漢鏡と同じ数値を示していること（平尾良光・鈴木浩子「虺龍文鏡および福岡県北九州市近郊から出土した弥生から古墳時代の青銅製遺物の鉛同位体比」『北九州市立考古博物館研究紀要』第三号、一九九六年）は、紀元前後につくられた漢鏡4期の鏡が日本列島に流入したのち、北部九州ではほどなくして甕棺墓に副葬され、それ以外の地域では宝器として二〇〇年近く伝世したことを裏づけるものであろう。

舶載文物のひろがり

前漢王朝を簒奪《さんだつ》して新王朝をたてた王莽《おうもう》は、紀元後一四年、それまでの五銖《ごしゅせん》銭を廃止し、新たに貨布と貨泉《かせん》を鋳造した。王莽銭と呼ばれるこの銅銭は一世紀初頭の短期間に鋳造されたことから、漢鏡と同じように出土遺跡の年代決定に役立っている。このうち貨泉は、対馬・壱岐島・北部九州・肥後などで弥生後期の遺跡から出土しているほか、岡山市高塚遺跡では弥生後期初頭の土坑から二五枚がまとまって出土し、大阪府八尾市亀井遺跡・東大阪市巨摩廃寺《こまはいじ》遺跡・大阪市瓜破《うりわり》遺跡などでも弥生後期初頭の層から貨泉が多数出土している。このような事例から、瀬戸内東部の弥生後期初頭が一世紀第1四半期にあり、北部九州とほぼ同時に大量の貨泉が流入していたことがわかる。

前一世紀末ごろに朝鮮半島南部で製作された小型仿製《ぼうせい》鏡は、九州以東では広島市真亀遺跡・岡山市足守川加茂B遺跡・神戸市表山遺跡から出土している。表山遺跡では弥生中期末から後期初頭の溝から、真亀遺跡では弥生後期前半の竪穴住居から出土した。これにたいして、足守川加茂B遺跡では弥生後期後半の竪穴住居に廃棄された状態で出土し、大分県石井入口遺跡の小型仿製鏡と同じように、二〇〇年近く伝世したものと考えられる。また、北部九州でひろまった漢鏡4期の破鏡は、瀬戸内や北陸にも拡散し、和歌山市滝ヶ峯遺跡と石川県羽咋《はくい》市次場《すば》遺跡からは虺竜文鏡、鳥取県米子市青木遺跡からは八禽鏡、大阪府高槻市芥川遺跡からは方格規矩四神鏡が出土している。滝ヶ峯遺跡と青木遺跡の破鏡には弥生後期初頭の土器がともない、貨泉と同じように流入後まもなく廃棄されたものであり、次場遺跡と芥川遺跡の破鏡は弥生終末期まで伝世したものである。このような破鏡はおそらく北部九州からもたらされたものであろう。

このほか、漢鏡4期の銘帯鏡を模倣した、韓鏡とは別系統の小型仿製鏡が、大阪府八尾市八尾南遺跡や亀井遺跡・大阪府豊中市山ノ上遺跡・岡山市足守川加茂B遺跡などから出土している。すべて弥生後期の生活域からの出土であり、その特異な文様と分布から畿内での製作が推測されている（森岡秀人「『王』状図文を有する近畿系弥生小型仿製鏡の変遷」『横田健一先生古稀記念　文化史論叢』一九八七年）。畿内の青銅器工人が鏡の製作にさいして漢鏡4期の銘帯鏡を手にとって模倣したことは確実であり、弥生時代に前漢鏡が畿内まで伝来していたことを裏づけている。

以上のように、漢鏡3期の鏡の流入につづいて、紀元前後のころ、漢鏡4期の完形鏡や破鏡のほか、韓鏡・王莽銭などの文物が九州以東にも数多くもたらされた。破鏡は北部九州からもたらされ、それ以外の文物は別ルートによる舶載品であろう。また、前漢鏡を模倣した仿製鏡の製作が畿内ではじまった。漢鏡の出土量からみれば、それは九州の半数にも満たないが、東方への着実なひろがりをみせている。もちろん、銅鐸などの原料も瀬戸内海をつうじて東方に流通していた。大陸からの船載文物が弥生時代のうちに瀬戸内・畿内に少なからず伝来していた事実は、鏡の伝世を考える前提条件である。

漢鏡に先行して弥生前期末から中期初頭に流入していた朝鮮製の多鈕細文鏡《たちゅうさいもん》は、北部九州では墓に副葬されることが多いが、大阪府柏原市大県《おおあがた》遺跡では山腹から単独で出土し、葛城山麓の奈良県御所《ごせ》市名柄《ながら》遺跡では銅鐸と共伴した。また、長野県佐久市社宮司遺跡からはその周縁の破片に穿孔をほどこした破鏡が出土している。このように畿内やそれ以東の地域ではもとから鏡を墓に副葬する風習がなかったのであり、漢鏡の流入後もその状況に変化はなかった。王莽代の銅銭や破鏡には入手後まもなく廃棄されたものがあるが、鏡の多くは弥生終末期から古墳時代まで伝世したのである。

九州でも、韓国漁隠洞遺跡に同笵《どうはん》鏡がある大分県石井入口遺跡の小型仿製鏡は弥生終末期まで伝世していたし、豊前・豊後・肥後など非甕棺地域における漢鏡4期の破鏡もまたほとんどが弥生終末期まで二〇〇年ほど伝世していた。豊前の南方浦山古墳から出土した完形の虺竜文鏡も伝世鏡である。完形鏡・破鏡・韓鏡を問わず、鏡の伝世は甕棺地帯をのぞく九州の各地にも普遍的な現象であった。そして、漢鏡を墓に副葬した甕棺地帯にあっても、鏡を意図的に割って副葬したり、破鏡をつくるなど、新しい動きがしだいに芽ばえていたのである。

東夷の倭の奴国王、使いを遣り奉献す

「漢委奴国王」金印の時代

倭奴国王の遣使

『後漢書』東夷伝に「建武中元二年（五七）、倭の奴《な》国、貢を奉じて朝賀す。使人自ら大夫と称す。倭国の極南界なり。光武、賜うに印綬《いんじゅ》を以てす」とあり、同書の光武帝本紀には建武中元二年春正月に「東夷の倭の奴国王、使いを遣り奉献す」という。倭人の使者が後漢の都洛陽における正月の儀式に参列し、光武帝から印綬を与えられたことを記したものである。「倭奴国王」は「倭の奴国の王」と読まれ、倭に存在した「百余国」のひとつ「奴国」の王を意味している。すでにみたように、「奴」は福岡平野に勢力をもち、前一世紀以来、「伊都」とならぶ北部九州の盟主であった。王莽《おうもう》が樹立した新王朝は、紀元後二三年に滅亡する。王莽に反旗をひるがえした諸勢力のなかで、光武帝が後二五年に洛陽で即位して漢王朝を再興するが、各地で混乱がつづいていた。楽浪《らくろう》の王調がおこした反乱が平定され、後漢王朝が楽浪郡の支配を回復するのは後三〇年のことである。軍事力の限界と在地民族の自立によって、このとき楽浪東部都尉を廃止し、郡の東にあった七県を在地民族の自治にゆだねることになった。

しかし、後漢王朝による郡県の回復は周辺民族の入朝をうながした。後三二年に高句麗が朝貢し、光武帝はその王号を復した。後四四年には韓の廉斯《れんし》の人が貢献し、光武帝はこれを漢廉斯邑君に冊封した。後四九年以来、夫余《ふよ》王は毎年朝貢するようになった。このような情勢のなかで、後五七年に倭奴国王が遣使奉献したのである。光武帝期における東夷諸族の朝貢のなかでは最後になるが、王・侯・君・長という外臣の階層的序列のなかで、高句麗王や夫余王に並ぶ最高位の王に倭の奴国の首長が位置づけられたことは、海を隔てた絶域からの朝貢にたいする後漢王朝の歓迎ぶりをよく示している。

「漢委奴国王」金印

一七八四年、玄界灘に臨む志賀島《しかのしま》から「漢委奴国王」金印が偶然に発見された。とぐろを巻く蛇を象《かたど》った鈕《ちゅう》は、漢代の金印のなかでは例がなく、これを偽印と疑う意見もあったが、中国の雲南省石寨山《せきさいざん》六号墓から「滇王之印」蛇鈕《だちゅう》金印が出土したことによって真印の可能性が高まった。さらに、一九八一年に江蘇甘泉二号墓から「広陵王璽《じ》」亀鈕《きちゅう》金印が出土し、真偽の問題がほぼ決着した。その金印は光武帝の子劉荊《りゅうけい》を広陵王に封じた後五八年、ちょうど「倭奴国王」の朝貢の翌年につくられたもので、「漢委奴国王」金印と比較すると、鈕の形は異なるが、一辺が二・三センチ《セン チ》という大きさ、タガネでほどこした鈕の魚子文《ななこもん》、印文《いんぶん》の字形などが共通するため、洛陽の同一工房で製作された可能性が大きく（岡崎敬「新たに発見された『広陵王璽』について」『稲・舟・祭』松本信広先生追悼論文集、一九八二年）、「漢委奴国王」金印が真印であり、「倭奴国王」の朝貢にさいして光武帝が与えた印綬そのものであることがほぼ確実となった（図17）。

三行五字に彫られた「漢委奴国王」の印文は、「漢の委（倭）の奴国王」と読むことができる。「委奴」をイトと読み「伊都国」にあてる説があるが、『後漢書』東夷伝の「倭奴国」や光武帝本紀の「東夷倭奴国王」の読みと同じく、「倭のなかの奴国の王」という通説の解釈が妥当であろう。

倭奴国の位相

漢代の官印は、職位によって、材質に玉・金・銀・銅、名称に「璽」「章」「印」、鈕《ちゅう》に竜・亀・駱駝・蛇鈕《だちゅう》・鼻鈕《びちゅう》という区別があり、印をつるす綬《じゅ》には赤・緑・紫・黒・黄色などの序列があった。この規定は漢代四〇〇年の間にい

図17　金印の兄弟
左：「漢委奴国王」印，右：「広陵王璽」印（『南京博物院名宝展』1989年）

ささかの変化はあるものの、支配の根幹をなす制度として遵守《じゅんしゅ》された。

この規定に照らして、内臣の「広陵王璽」と外臣の「漢委奴国王」という同時期のふたつの璽印を比較すると、材質は金で共通するが、名称は「広陵王」が「璽」で皇帝にならぶもっとも高い序列にあるのにたいして、「奴国王」の印文にはそれがない。また、「広陵王」が亀鈕で、「奴国王」が蛇鈕、諸侯王の綬は緑色であるのに、「奴国王」は列侯と同じ紫色というちがいがある。栗原朋信氏の指摘するように、外臣の王印は内臣の王璽にくらべて一級格下げされ、「奴国王」印の冒頭に

「漢」の字があるのは、漢王朝に臣属してその徳化を蒙《こうむ》る外臣であることを明示したものにほかならない（「漢帝国と印章」『古代史講座』四、一九六二年）。同じ「王」の職位にありながら、内臣と外臣では序列に格差があったのである。

前一世紀に倭人は楽浪郡まで定期的に朝貢し、漢鏡をはじめとする多くの文物を与えられた。皇帝を中心に内臣・外臣・朝貢国が同心円状にひろがる漢王朝の世界構造のなかで、そのときの倭人は朝貢国の位相にあった。後一世紀初頭の東夷王の朝貢記事には不明確なところが多いが、後五七年の「奴国王」の遣使は洛陽での朝賀の儀式に参列し、光武帝から印綬が与えられ、ここに倭の「奴国王」は外臣として正式に臣属することになった。倭の「百余国」のなかで、「奴国」の首長が外臣の王として認知されたのである。「奴国」の首長は後漢王朝の権威を背景にその支配とほかの「国」への影響力を強化しようとし、いっぽうの光武帝は海をこえた絶域の倭人を朝賀の儀式に参列させ、それを外臣に冊封することによって、その徳の高さを誇示しようとしたのであろう。

倭国王の朝貢

「奴国王」の朝貢からちょうど五〇年をへた紀元後一〇七年、倭人の朝貢が記録されている。『後漢書』東夷伝に「安帝の永初元年、倭国王帥《すい》升《しょう》等、生口《せいこう》百六十人を献じて、請見を願う」とあり、安帝紀には「冬十月、倭国使いを遣わして奉献す」という。この倭国王帥升等について、『翰苑』に引く『後漢書』には「倭面上国王師升」、北宋刊本『通典』には「倭面土国王師升等」とあり、諸本の記載に異同がある。その解釈も「倭面土」を「ヤマト」と読む説や「倭のイト」と読んで「伊都国」にあてる説などがあり、「倭国王帥升」ならば倭国を統合する王がいたように理解できる。また、王の名を「帥升等」の三字とする説、「帥升」の二字を名として「等」を「など」と読んで連合政権を想定する説がある。

このように後一〇七年の朝貢をめぐる解釈は多岐に分かれ、その王の実態については残念ながらよくわからない。ただ、この年に倭人の朝貢があり、「生口百六十人」を献上したことは事実と認められる。それではこの「生口」とはいったいなにか。

「生口」とは生きた人間のことであり、これを奴隷とみる説が多い。倭の統合過程のなかで戦いが頻繁におこり、捕虜を奴隷にしたという。しかし、留学生や技術者とみる意見もあり、その実態はわからない。その後も、二三九年の倭王卑弥呼の朝貢では男女の「生口」一〇人、台与の朝貢では「男女生口三十人」と貢献がつづいている。それでは、中国王朝の側ではこれをいかに受けとめたのであろうか。漢朝への貢献品には、領内からは土地の特産物、領域外の外臣・朝貢国からは珍奇な動植物あるいは曲芸師などが多かった

（西谷大「生口と銅鏡」『倭国乱る』国立歴史民俗博物館、一九九六年）。「生口」の献上はほかにほとんど例がなく、倭人は漢人の目に特異な民族に映ったらしい。「楽浪海中に倭人あり」のところで述べたように、当時の漢人は倭人を孔子もたたえるほどの礼儀正しい理想的な民族とみていた。それ以後も、『三国志』や『後漢書』の東夷伝は『論語』を引いて東夷を高く評価し、とくに東夷では身分の低い庶民の間ですら道義がおこなわれていることを賞賛している。儒教道徳が重んじられた漢・魏の時代、東夷の倭から献上された「生口」こそ、珍獣や曲芸師などと同じように、孔子以来信じられてきた理想的人間を確かめる恰好《かっこう》の標本だったにちがいない。この特別な倭人観がくり返し「生口」の貢挙をうながした可能性は大きい。

「伊都」の首長墓とその社会

平原遺跡

前一世紀の三雲南小路遺跡の西北一キロあまり、瑞梅寺《ずいばいじ》川と雷山《らいざん》川に挟まれた丘陵上に前原市平原《ひらばる》遺跡がある。一九六五年、農作業中に多数の鏡が発見され、知らせを受けた原田大六氏によって緊急の発掘調査が実施された。

このとき発掘された一号墓は、周囲に一八×一四メートルの溝をめぐらせた方形周溝墓で、長辺四・五メートルの墓坑のなかに長さ三メートルの割竹形木棺が検出された。棺内の頭部と右腕の付近からは、ガラス勾玉・管玉・小玉、メノウ管玉・小玉、コハク管玉・丸玉が多量に出土した。棺外の頭側には中国製の素環頭《そかんとう》大刀があり、墓坑の四隅には埋葬時に破砕された鏡が三九面も出土した。そのうち三四面が中国鏡、五面が日本の仿製《ぼうせい》鏡である。装身具の数が多く、武器が少ないことから、被葬者は女性と推定されている。また、周溝内にはガラス玉をもつ土坑があり、従属する墓と考えられている（原田大六『平原弥生古墳　大日孁貴の墓』一九九一年）。

方格規矩四神鏡

三四面の中国鏡には漢鏡4期と漢鏡5期の鏡がある。漢鏡4期の鏡は、虺竜《きりゅう》文鏡（一六号鏡）一面と方格規矩《ほうかくきく》四神鏡（三九号鏡）一面である。のこる三二面が漢鏡5期（後一世紀第2四半期から一世紀後半）の鏡で、内行花文《ないこうかもんきょう》鏡が一面と方格規矩四神鏡が三一面ある（拙稿「福岡県平原遺跡出土鏡の検討」『季刊考古学』第四三号、一九九三年）。

平原一号墓から出土した漢鏡5期の方格規矩四神鏡の三一面には、定型化した型式のものから、方格の十二支銘が失われ、四神と瑞獣《ずいじゅう》の組合せや配置がくずれた型式のものまでふくまれている（図18）。年代の下限は、後一世紀後半にある。銘文の第一句には「尚《しょう》方《ほう》作」と「陶氏作」の二種があり、「陶氏作」は比較的新しい型式にみられる。この「尚方」とは宮廷の御用品を製作する官営工房だが、「尚方作」鏡があまりにも多く、優品が少ないことから、ほとんどは民間でこれを詐称したものと考えられる。いっぽうの「陶氏作」鏡は、銘文の冒頭に民間の作品をうたった、方格規矩四神鏡のなかでは数少ない例で

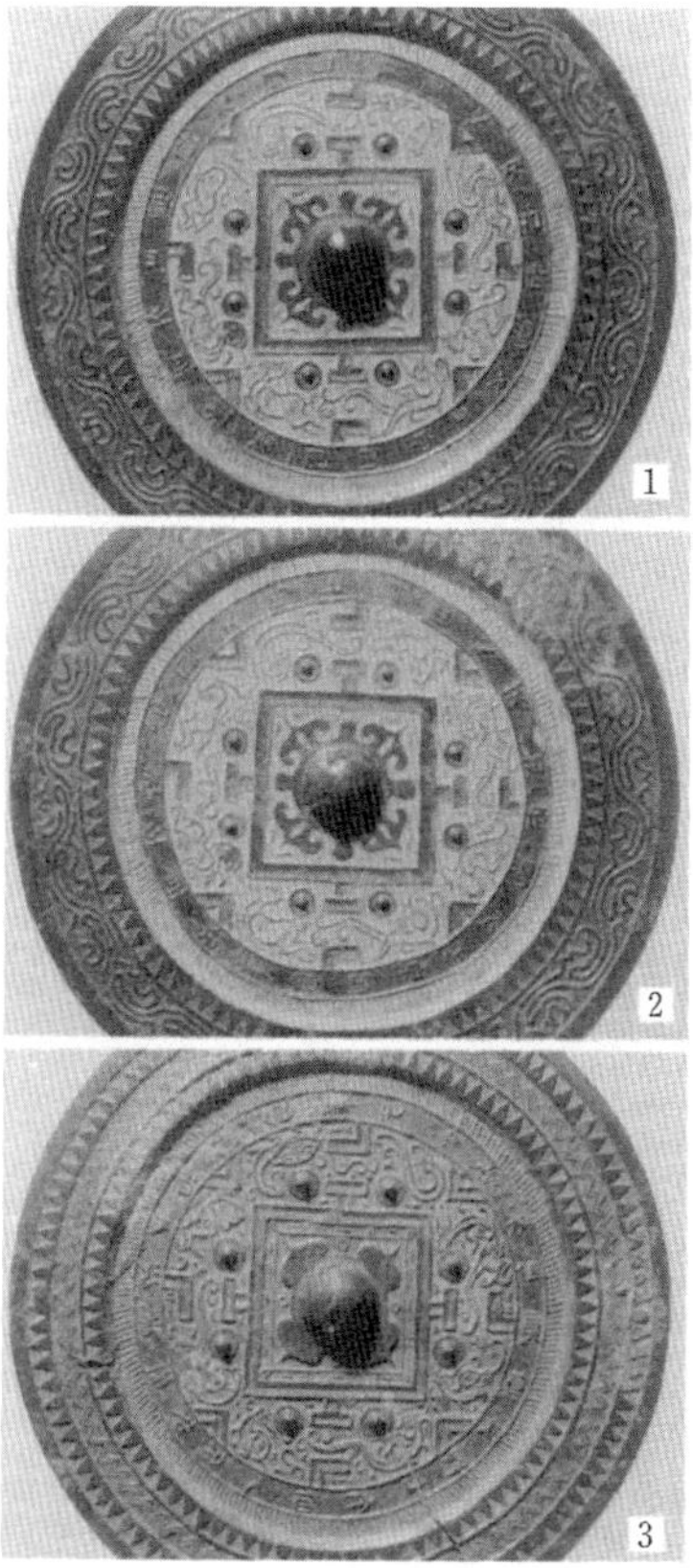

図18　平原１号墓の方格規矩四神鏡　１と２は同型鏡

あり、作鏡者の陶姓はほかに例がない。しかし、「陶氏作」鏡の図像文様は「尚方作」鏡に類似し、内区主文《ないくしゅもん》に魚を付加する特徴が共通することから、両者は近い関係にあったことがわかる。また、「尚方作」鏡の三種八面と「陶氏作」鏡の三種六面は、同一の原型からつくられた同型鏡である。あわせて六種一四面の同型鏡がまとまって出土し、そのなかに例の少ない「陶氏作」の同型鏡がふくまれていることは、この一群の方格規矩四神鏡は商品として流通していたものではなく、中国の鏡工房から一括に近い状態でもたらされた

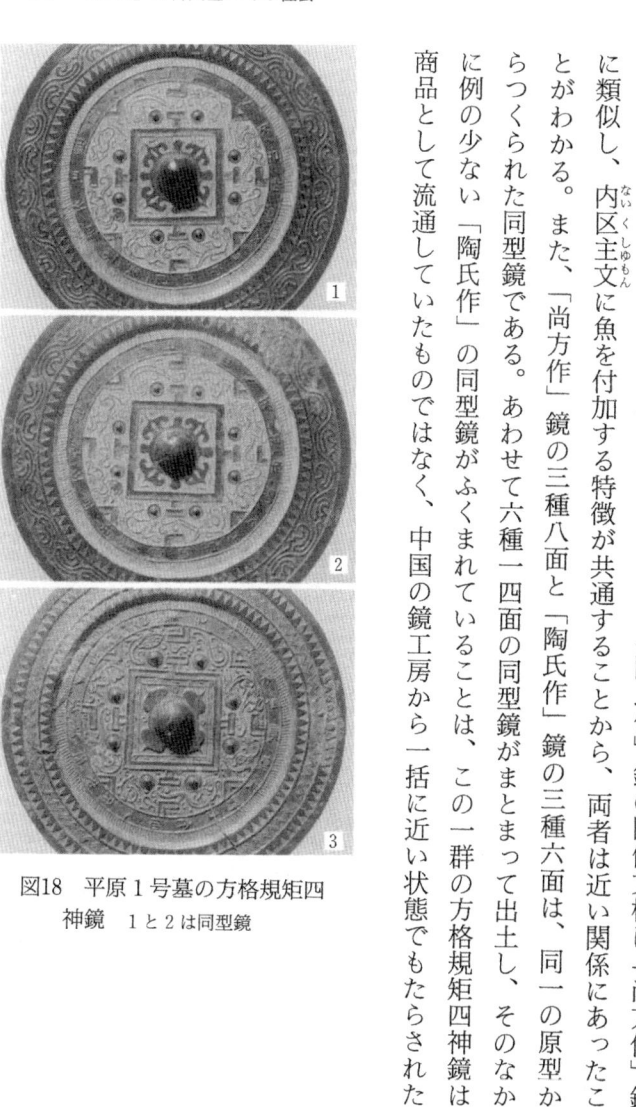

こと、すなわち三雲南小路や井原鑓溝の首長と同じように、この「伊都」の首長にたいして漢王朝から政治的にこの鏡群が贈与された可能性が高いことをものがたっている。鉄製の素環頭大刀も、前章（六二〜六五頁）に述べたように、漢王朝から政治的に贈与された、冊封関係を象徴するものであろう。

『後漢書』には五七年と一〇七年に倭人の朝貢が記録されている。平原一号墓の鏡群の年代はちょうどこの時期にあたる。鏡の製作年代は五七年の朝貢に近いが、いずれにせよ倭人の活発な朝貢が記録された時期に、それにともなって大量の漢鏡や素環頭大刀がまとまって輸入されたのである。しかも、鏡がまとまった状態で平原一号墓に副葬されているから、墓の年代も後一世紀後半からあまり下ることはないだろう。

仿製内行花文鏡

平原一号墓からは、漢鏡のほかに日本列島で製作された二種五面の仿製内行花文鏡が出土している。そのなかで径四六・五ｾﾝﾁ、重さ七九五〇ｸﾞﾗﾑという超大型の内行花文八葉鏡は、四面の同型鏡があり、弥生時代の仿製鏡としては比類ない大きさをもっている。後一世紀前半の内行花文鏡を模倣し、超大型につくったものである。もうひとつの仿製内行花文鏡は、径が二七・一ｾﾝﾁ、中国製の内行花文鏡と区別がつかないほど文様が類似するが、斜角雷文《しゃかくらいもん》や連弧間《れんこかん》文様が左右反転し、字形のくずれた擬銘があることから、中国鏡を忠実に模倣した仿製鏡と考えられる。

北部九州の弥生小型仿製鏡はふつう径が一〇センチに満たず、石型で同笵鏡《どうはん》をつくるために鋳あがりのよくないものが多い。これにたいして、平原の仿製内行花文鏡は、金属の原型から複数の粘土型をつくる同型鏡の技術を用い、漢鏡を忠実に模倣しつつ大型に改造したものである。弥生時代の小型仿製鏡とは一線を画するその高度な鋳造技術をどのように理解するか、いまだ十分な解答はえられていない。これを古墳時代に下げる意見もあるが、古墳時代の仿製鏡とは文様や技術の系統が異なる。また、鉛同位対比の分析によれば、この仿製内行花文鏡はその原料が弥生小型仿製鏡と同じグループに属し、古墳時代の仿製鏡とは截然《せつぜん》と区別されるという。したがって、この特殊な仿製内行花文鏡は後一世紀以降に北部九州で製作されたことは確かだろう。

平原遺跡の年代

調査者の原田大六氏は、その漢鏡の年代観から弥生時代の遺跡と考え、二世紀代の年代を与えていた。しかし、発見当初からこの年代観には多くの異論があり、三世紀の弥生末期以降に下げる意見が大勢をしめていた。それは、①方形周溝墓《ほうけいしゅうこうぼ》や割竹形木棺《わりたけがたもっかん》は北部九州では弥生末期にはじめて出現すること、②仿製内行花文鏡のような大型仿製鏡、メノウやコハクの玉類などは古墳時代にはじめて出現すること、③弥生末期の庄内式土器が出土していること、などを根拠としていた。

平原遺跡の報告書のなかで渡辺正気氏は、この③について、弥生末期の土器は周溝が埋まったのちの土坑から出土したもので、墳墓の築造年代を直接に示すものではないこと、周溝内の土器は弥生後期初頭から終末期までのものが卓越していることを明らかにし、弥生後期のなかでも早い段階の時期を想定した。

近年、この平原一号墓の西隣を発掘したところ、同じような方形周溝をもつ五号墓が検出された。周溝の規模は七・五×八・〇㍍《メートル》とやや小さく、中心の主体部は攪乱を受けていたが、一号墓と同じ東西向きの墓坑が検出されている。周溝を破壊する甕棺墓《かめかんぼ》や周溝内から出土した土器は、いずれも弥生中期末から後期初頭の型式である（角浩行『平原周辺遺跡（四）』前原市文化財調査報告書第五〇集、一九九三年）。ここではかつて漢鏡4期の銘帯鏡の鈕が二片採集されており、それは土器の年代と矛盾しない。このことから平原五号方形周溝墓はおそくとも弥生後期初頭に出現しており、平原一号墓の年代についても、さきの①の疑問を打ち消す有力な証拠となる。

したがって、平原一号墓の年代は、その漢鏡によって後一世紀後半から二世紀初頭までと考えられ、原田・渡辺氏の想定したように弥生時代後期に位置づけるのが妥当であろう。

そしてこの丘陵上では弥生後期初頭から方形周溝墓が継続的に営まれ、平原一号墓はその系列上にある首長墓であったことがわかる。

世々王あり　「伊都国」には「世々王あり」と『魏志』倭人伝は記し、糸島平野の中心部において三雲南小路・井原鑓溝・平原とつづく「伊都」の首長墓の系列が確かめられている。しかし、「世々王あり」を世襲の王統があったと解釈することは早計であり、首長墓の立地からみると、「伊都」の首長権は集団の間を移動したことがうかがわれる。

まず、三雲南小路と井原鑓溝の両甕棺墓は、川原川と瑞梅寺川に挟まれた平地にあり、その間の距離はおよそ一五〇㍍。同じひとつづきの遺跡とみるなら、両首長は同一の族集団から輩出した可能性がある。しかし、平原遺跡は三雲南小路の西北一㌔あまりの丘陵上にあり、墓の形態も異なっている。また、井原鑓溝甕棺墓と平原五号方形周溝墓とは、ともに漢鏡4期の鏡群をもつ弥生後期初頭の墳墓であり、盗掘のため副葬品の全体は不明だが、井原鑓溝からは二一面、平原五号墓からは二面の漢鏡が採集され、その数からみると、井原鑓溝が「伊都」の首長で、平原五号墓はそれに従属する集団の族長と考えられる。ところが、井原鑓溝につぐ「伊都」の首長墓は、平原五号墓に後続する平原一号墓である。

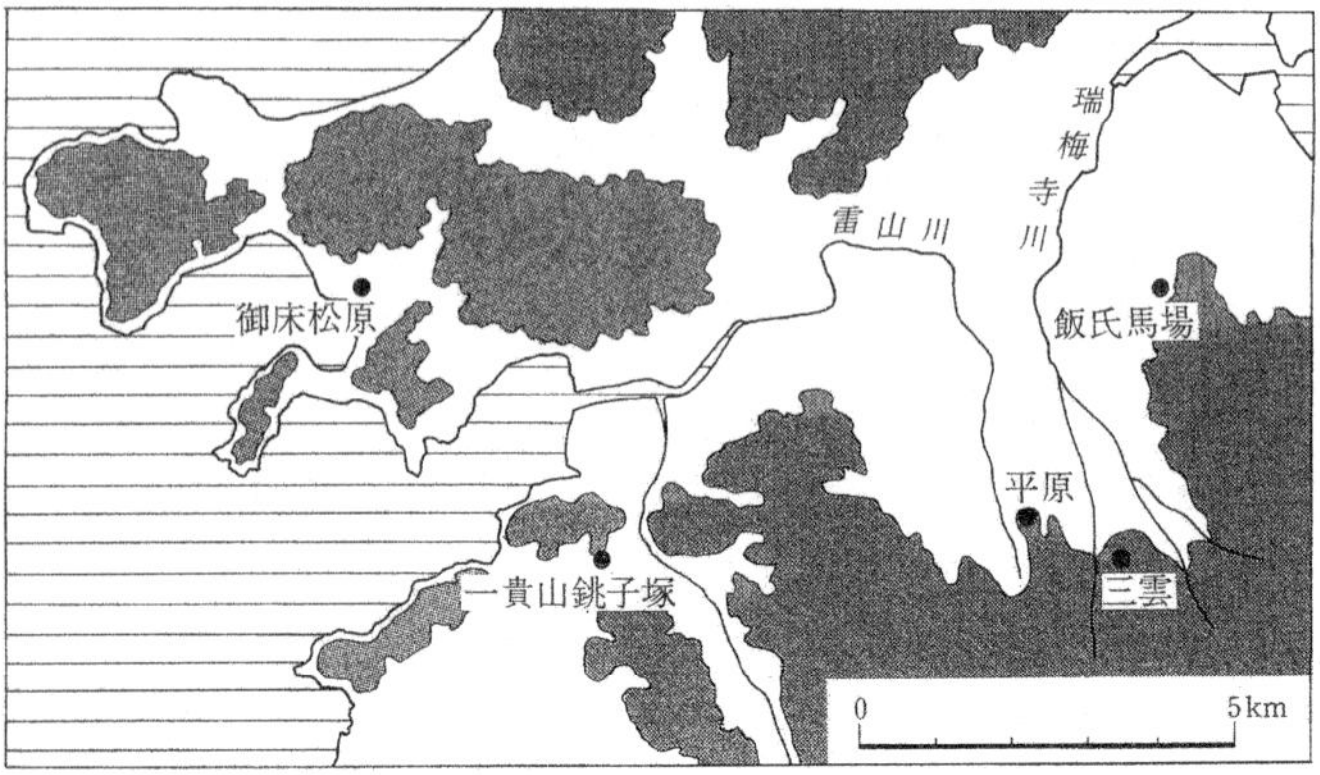

図19　糸島平野の鏡（漢鏡5期）

三雲南小路・井原鑓溝の集団から「伊都」の首長権が離れ、従属的な地位にあった平原の族長がそれを獲得するにいたったのである。

平野単位の社会を統率する地域首長権が族長間を移動することは、弥生後期初頭において唐津平野や佐賀平野で確かめられた。北部九州の盟主的な「伊都」においても例外ではなく、その首長は安定した世襲的な権力を掌握するにはいたっていなかったのである。

「伊都」の集団関係

糸島平野には平原一号墓のほかにも漢鏡5期の鏡を出土した遺跡がある。平野の東北部にある福岡市飯《いい》氏《じ》馬場七号甕棺墓からは内行花文鏡が二面、三雲南小路に隣接する前原市三雲イフ四号石棺墓と三雲番上遺跡、玄界灘に面した海岸に位置する志摩町御床松原《みとこまつばら》遺跡からは内行花文鏡の破片が出土し、糸島平野の西端に位置する前方後円墳の二丈町一貴山《いきさん》銚子塚古墳からは方格規矩四神鏡と内行花文鏡が出土している。飯氏馬場は弥生前期以来の共同墓地で、漢鏡を出土した七号甕棺墓はその族長を埋葬したものだろう。甕棺の型式は弥生後期中ごろに相当し、漢鏡は伝来後まもなく墓に副葬されたものである。いっぽう、三雲イフ・御床松原・一貴山銚子塚の三遺跡から出土した漢鏡は弥生末期から古墳前期まで二〇〇年あまり伝世したものである。一貴山銚子塚古墳の方格規矩四神鏡は鍍金《ときん》をほどこした優品である。

このように後一世紀の糸島平野には一、二面の漢鏡をもつ族集団が点在していた。未発見の遺跡をふくめると、本来はかなり多数の族集団がこの平野の各所に分かれて居住し、族長の多くは漢鏡を保有していたのであろう。大量の漢鏡を副葬した三雲南小路・井原鑓溝・平原の被葬者はこの地域社会を統率した首長であり、その地位は世襲されることなく、族長たちの間から推戴《すいたい》されたものと考えられる。そしてこの地域首長は支配下の族長たちに漢鏡を分配することによって社会関係を維持していたのであろう。

伝世のひろがり

甕棺墓の衰退

北部九州の弥生墓制を特徴づけた甕棺《かめかん》墓は、後一世紀の弥生後期にはいると、しだいに姿を消し、箱式石棺墓・木棺《もっかん》墓・土坑《どこう》墓にとってかわられる。北部九州において、漢鏡3期の鏡を出土した弥生中期の墓はすべて甕棺墓であったが、漢鏡4期の鏡を副葬した弥生後期の墓になると、甕棺墓と箱式石棺墓・木棺墓・土坑墓とが相なかばし、ついで漢鏡5期の鏡には、王莽《おうもう》代（後八〜二三年）にさかのぼる古い型式の内行花文鏡を出土した福岡市飯氏馬場七号墓が甕棺墓の唯一の例となる。

箱式石棺墓・木棺墓・土坑墓のばあい、時期のわかる土器をともなわないことが多く、入手からまもなく鏡を副葬したものか、それとも伝世したものか、わからないのが実状である。そのため平原一号墓のように、弥生後期に考える説と古墳時代まで下げる説に分かれ、両者の年代の開きは一〇〇年以上におよんでいる。

北部九州の弥生後期は、甕棺墓の衰退とともに丹塗《にぬ》り磨研土器が減少し、北部九州を中心として九州一円にひろがった斉一的な土器様式がくずれ、祭祀用の高坏《たかつき》などに瀬戸内の影響が浸透してくる。また、武器形青銅器が祭器として大型化し、墓の副葬品としてではなく、集落の近くに埋納されるようになる。このような弥生後期の変化には、社会のあり方や意識形態の転換を暗示させるほどいちじるしいものがある。

破砕と伝世

大量の鏡を墓に副葬していた北部九州の盟主たる「伊都《いと》」においても、鏡にたいする意識がしだいにかわってきた。有明海の沿岸部では、漢鏡4期の鏡が流入したころから漢鏡を破砕して甕棺の棺外に副葬する風習がみられた。漢鏡5期の鏡をふくむ三九面の鏡をことごとく破砕して墓坑の四隅にばらばらに置いていた平原一号墓の風習は、その延長線上に位置づけられる。これは通常の副葬状態ではなく、埋葬時に呪術的な儀礼がおこなわれたことを示唆し、これ以後、漢鏡を大量に副葬する風習は古墳時代まで二〇〇年近く途絶えてしまうのである。

いっぽう、漢鏡5期の鏡を出土した三雲イフ四号石棺墓は弥生終末期から古墳時代初頭、

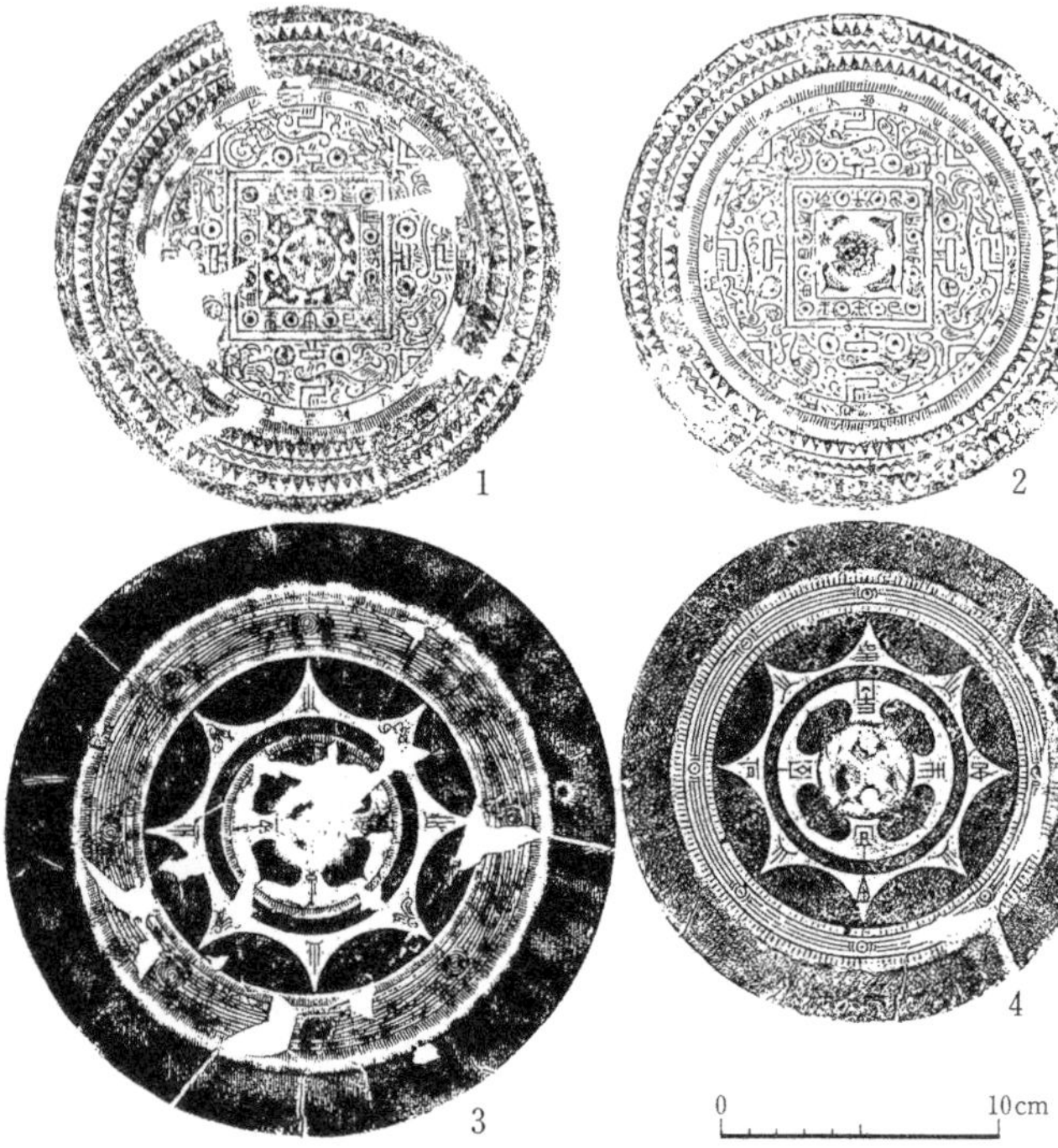

図20　方格規矩四神鏡と内行花文鏡（漢鏡５期）

1 佐賀県寄居１号墓（『老松山遺跡』佐賀県文化財調査報告書第92集，1989年），2 石川県宿東山１号墳（石川県立埋蔵文化財センター『宿東山遺跡』1987年），3 岐阜県瑞竜寺山墓（楢崎彰一ほか「岐阜市瑞龍寺山山頂出土の古鏡について」『考古学雑誌』53巻１号，1967年），4 福岡県宮原３号墓（原口信行「箱式棺内出土の内行花文鏡」『考古学雑誌』40巻３号，1954年）

御床松原遺跡と一貴山銚子塚古墳は古墳時代前期に位置づけられ、これらの漢鏡は明らかに伝世したものである。とくに一貴山銚子塚古墳の二面の伝世鏡は、八面の仿製三角縁神獣鏡とは区別されて被葬者の頭部付近から出土したため、それが特別の宝器として大切に扱われていたことがわかる。また、弥生終末期の佐賀県小城町寄居《よりい》一号墓では、漢鏡5期の方格規矩四神鏡（図20の1）が破砕ののち木棺内に重ね置かれた状態で出土した。伝世《でんせい》鏡を破砕して副葬するのは、弥生終末期の西日本一帯にみられる風習であり、これは北部九州の事例として重要である。

鏡の伝世は、畿内では朝鮮製の多鈕細文鏡の段階から、瀬戸内・東部九州・有明海沿岸では漢鏡4期の段階から認められた。「伊都」地域における伝世の発生は、漢鏡の破砕儀礼と同じように、周辺地域からの影響によるものかもしれない。

畿内出土の伝世鏡

奈良盆地東南部の三輪《みわ》山麓一帯は、最古の前方後円墳といわれる箸墓古墳をはじめ、巨大な初期の前方後円墳が密集することから、倭政権の発祥地として注目されている。そのなかで崇神《すじん》陵古墳の西にある全長一一三メートルの前方後円墳、天理市天神山《てんじんやま》古墳では、後円部の竪穴式石室から二三面の鏡が出土した。そのうち一〇面が漢鏡5期の鏡、七面が漢鏡7期の鏡、六面が古墳時代の仿製鏡であった。漢鏡5期の鏡は、方格規矩四神鏡が六面、内行花文鏡が四面で、平原一号墓の漢鏡にほぼ並行する後一世紀中ごろの鏡群である。前後の漢鏡4期や漢鏡6期の鏡をふくまない、この一〇面の型式的なまとまりからみて、各地からよせあつめたものではなく、まとまった状態でもたらされ、そのまま伝世した可能性が高い。

畿内の前期古墳から出土する伝世鏡は、漢鏡5期の鏡がもっとも多く、なかでも雲雷文帯の内行花文鏡がその中心である。初期の前方後円墳である京都府山城町椿井《つばい》大塚山《おおつかやま》古墳・奈良県桜井市メスリ山古墳・大和郡山《こおりやま》市小泉大塚古墳ではこの内行花文鏡が二面ずつ出土している。とくに椿井大塚山の一面は、直径が二七・七センチにおよぶ優品で、手ずれによる摩滅がいちじるしい。このほかの漢鏡5期の伝世鏡は、畿内では一古墳につき一面がふつうで、もとは天神山古墳の一〇面とともに後一世紀のうちにまとまって舶載され、銅鐸にかわる新しい祭器として地域集団ごとに分有されたのであろう。

割られた漢鏡

瀬戸内海の播磨灘に臨む地域には、漢鏡5期の内行花文鏡が多数分布している。多くは前期古墳からの出土であるが、古墳時代にさきだつ弥生終末期の墳墓から出土した例がある。加古川市西条五二号墓は石列をめぐらせた前方後円形の墳丘墓で、天井石のない竪穴状の石室から鉄剣とともに破砕された状態の内行花文鏡が出土した。また、御津《みつ》町岩見北山一号墓は径約一八メートルの円形積石《つみいし》墓で、竪穴式石室から破砕された内行花文鏡が出土した。いずれも墳丘から弥生後期後半の土器が出土し、鏡はおよそ一〇〇年ほど伝世したのち、首長墓に副葬されたものである。

いっぽう、濃尾平野の長良川流域では、王莽代にさかのぼる漢鏡が出土している。岐阜市瑞竜寺山山頂に位置する墳丘墓では、高坏の下から内行花文鏡（図20の3）が破砕された状態で出土した。その土器を弥生後期初頭に位置づける説にしたがえば、この漢鏡は伝世することなく副葬されたと考えられる。また、その上流にある美濃市観音寺山古墳からは、方格規矩四神鏡が木棺の頭部両辺に破砕された状態で出土した。共伴した仿製鏡や玉類からみて墓の年代は古墳時代前期まで下り、漢鏡は三〇〇年近く伝世したものである。

弥生後期後半には、西日本の各地で地域首長や族長個人を埋葬した墓が共同墓地から独立し、集落から離れた丘陵や山頂に墳丘墓をつくるようになる。瀬戸内の沿岸部では前方後円形の墳丘と竪穴式石室、鏡や鉄器などの若干の副葬品をもつ墳丘墓があらわれる。すべて古墳として定型化する以前の特徴をもち、埋葬時に伝世鏡を破砕する呪術的な風習をとどめている。ここでみた西条五二号墓や岩見北山一号墓、あるいは漢鏡4期の伝世鏡を出土した香川県鶴尾神社四号墓や岡山県鋳物師谷一号墓などはその例である。それは共同体の祭器として長く伝世されていた漢鏡が首長権力の伸長によってその役割を終え、首長の死とともに墓に副葬されたことを示唆している。しかし、この動きはまだ一部の地域で散発的に発生しただけであった。本格的に伝世鏡が首長個人に帰属するのは、定型化した前方後円墳と三角縁神獣鏡の分配に示されるような安定した政治体制の成立をまたねばならなかったのである。

東方への拡散　漢鏡5期の鏡は、濃尾平野より東では山梨県中道町銚子塚古墳や静岡県磐田市松林山古墳など前期の前方後円墳から内行花文鏡が出土し、山梨県櫛形町長田口遺跡からは内行花文鏡の破鏡が出土している。

能登・加賀地域では、漢鏡4期の破鏡につづいて漢鏡5期の完全な鏡がおよんでいる。石川県押水《おしみず》町宿東山一号墳と加賀市分校カン山一号墳は、ともに前方部の短い前方後円形の墳丘墓で、木棺内から方格規矩四神鏡が出土している（図20の2）。墳丘から出土した土器は古墳時代初頭のもので、分校カン山一号墳には鉄器や玉類が副葬されているが、総じてみると、在地的な特徴がなお根強くあらわれた定型化以前の古墳である。

破鏡や北部九州で製作された弥生小型仿製鏡は九州以東にも多くひろがり、なかでも播磨灘から大阪湾の沿岸一帯にはとくに多く点在している。時期のわかる遺跡をみると、神戸市吉田南遺跡五号住居跡や播磨町大中遺跡七A号住居跡から出土した内行花文鏡の破鏡は弥生後期後半から終末期、大阪市瓜破北遺跡や東大阪市池島福万寺遺跡から出土した内行花文鏡の破鏡は古墳時代前期まで伝世したものである。漢鏡5期の鏡とほぼ同時期の小型仿製鏡では、揖保川《いぼがわ》町半田山一号墓は弥生後期後半、竜野市白鷺山二号石棺墓は弥生終末期、神戸市玉津田中遺跡一号住居跡は弥生後期に位置づけられている。このような破鏡や小型仿製鏡も、完形の漢鏡と同じように、祭器として何世代か伝世したのち、古墳の出現にさきだってその役割を終えている。

漢王朝との交渉がはじまった前一世紀以来、九州以東にも漢鏡をはじめとする舶載文物が少なからず流入し、後一世紀後半にはそれがピークをむかえる。漢鏡5期の鏡に加えて北部九州で製作された小型仿製鏡も東方に拡散し、そのひろがりは地域間交流がいっそう活発化したことをものがたっている。東方から出土する破鏡は、小型仿製鏡のひろがりと重なることからみると、北部九州から破鏡の形で流入した可能性が高い。また、こうした地域間交流の活発化によって、北部九州とそれ以東でみられた鏡にたいする取扱いのちがいがほぼ解消し、伝世の風習が普遍化したことも重要であろう。

倭の範囲

漢鏡5期の鏡は、平原一号墓から同型鏡をふくむ三二面、天神山古墳から一〇面が出土し、そのまとまりから後一世紀後半のうちにそれぞれ一括に近い状態で伝来したことを推測した。天神山古墳のそれは二〇〇年あまり伝世したものだが、この伝世鏡をふくめて弥生後期から古墳前期までの遺跡から出土した漢鏡5期の鏡を数えると、管見のかぎりでも九州とそれ以東の地域とはそれぞれ一〇〇面近くの多数におよび、発掘の進展とともにその数は近年ますます増加しつつある。

前一世紀に漢王朝との交渉がはじまると、「百余国」に分かれた列島内の諸集団のなかで対外交渉の主導権を握ったのは、玄界灘に面した北部九州の「奴」や「伊都」の勢力であった。後五七年に光武帝から金印を授けられたのは「倭の奴国の王」であり、「伊都」の首長は前一世紀から後一世紀まで継続的に大量の漢鏡を輸入し、その分配をおこない、墓に副葬していた。「倭奴国王」の冊封から五〇年をへた一〇七年、生口一六〇人を献じて安帝に朝貢した「倭国王帥升等」については、その読み方に諸説あるが、「奴」や「伊都」を盟主とする北部九州の連合体制であることではほぼ意見の一致をみている。しかし、その「倭国王帥升等」を通説のように倭の諸国を統合した王の意味に読んだばあい、その「倭国」はどれほどの範囲をふくむものであったのかについて、漠然と北部九州圏という以上に議論されることはほとんどなかった。

これまで漢鏡から弥生社会を議論するばあい、北部九州の弥生遺跡から出土した資料、なかでも弥生中期末から後期初頭の甕棺墓の出土資料に限定しての立論がほとんどで、古墳から出土する伝世鏡はもとより、後一世紀後半からの二〇〇年あまりの歴史は不問にふせられることが多かった。しかし、日本列島から出土した漢鏡5期（後一世紀後半）の計二〇〇面近い鏡が、製作からあまり時間をおかずに流入し、その地で伝世したとするなら、九州とそれ以東とではほぼ均衡した数となり、その分布する北部九州から北陸・東海におよぶひろい地域が「倭国」の範囲とみることができる。そのうえ、列島内の地域間交流の拡大とともに、北部九州に加えて畿内がしだいに中核的な位置をしめるように成長してきた過程が漢鏡の分布から読みとれる。伝世鏡を認めるか否かで、ずいぶんちがった倭国像が描きだせることに注意しておきたい。

共に一女子を立てて王となす

倭国乱る

倭国大乱

後二世紀にはいると、内には外戚《がいせき》や宦官《かんがん》の専横によって政治が乱れ、外には西の羌《きょう》族や東北の鮮卑《せんぴ》族などの周辺民族が相次いで侵寇し、後漢王朝は急速に衰退する。『後漢書』東夷伝の序文には「永初におよんで難多く、始めて入りて寇鈔す。桓・霊、政を失いて、漸《ようや》くますますそぞろなり」という。「倭国王帥升等」の朝貢は安帝即位の永初元年。その永初年間（一〇七〜一一四）のころから王朝が多難になると、東夷の侵寇がはじまり、桓帝・霊帝の失政によって、混乱がますます加速したのである。同じように『魏志』韓伝には「桓・霊の末、韓・濊《わい》は彊盛《きょうせい》にして、郡県は制するあたわず、民は多く流れて韓国に入る」という。

後漢王朝の求心力の低下は、その権威を後ろだてにしていた倭人社会の動揺をもたらした。三世紀に書かれた『魏志』倭人伝は「その国、もとまた男子を以て王となし、住まること七、八十年。倭国乱れ、相攻伐すること歴年」と、倭国では男王の治世が七、八十年つづいたのち、長年にわたって激しい内乱が発生したことを伝えている。

この『魏志』の記事によりながら五世紀に書かれた『後漢書』倭伝は「桓・霊の間、倭国大いに乱れ、こもごも相攻伐し、歴年主なし」といい、内乱の時期を桓帝・霊帝の在位した一四六年から一八九年に比定する。桓帝・霊帝のころは王朝の内外がもっとも混乱した時期で、さきの『後漢書』東夷伝の序文と同じ見方に立つものである。さらに、七世紀に書かれた『梁書』倭伝は倭国乱について「漢霊帝の光和中（一七八〜一八三）」という限定した時期をあてている。これは一〇七年の「倭国王帥升等」の朝貢を起点に男王の治世七〇年を加えて算出したもので、確かな記録によるものではなかろう。

楽浪郡の衰退

後漢王朝の失政と周辺民族の侵寇の影響を直接に受けたのは、楽浪郡《らくろう》のような辺境の郡県であった。なかでも高句麗の侵寇による被害が大きく、順帝・桓帝のときには帯方令が殺され、楽浪太守の妻子が捕らえられるという事件も起きている。また、桓帝・霊帝のときには楽浪郡の南と東にいた韓族と濊《わい》族が強大になって、郡県の住民が多く韓に逃亡したという。

このような楽浪郡の動揺は考古資料にもうかがえる。図21は楽浪（朝鮮半島西北部）、韓（朝鮮半島南部）、九州、九州以東の四地域について時期別に漢鏡の出土頻度をあらわしたものである（拙稿「楽浪漢墓出土の鏡」『弥生人の見た楽浪文化』大阪府立弥生文化博物館、一九九三年）。このうち最上段の楽浪地域についてみると、型式が判別できた計三一三面の漢鏡は、漢鏡3期後半（前一世紀中ごろ）からしだいに鏡の数が増加し、漢鏡5期前半（後一世紀中ごろ）にピークをむかえたのち、漢鏡6期（二世紀前半）にはその数がじょじょに減少する傾向が読みとれる。二世紀後半の漢鏡7期にはそれが一転して急増するが、それについては次節にふれる。

漢鏡6期は、簡略化した方格規矩《ほうかくきく》四神鏡・蝙蝠座内行花文鏡《こうもりざないこうかもんきょう》・盤竜鏡《ばんりゅうきょう》・双頭竜文鏡《そうとうりゅうもんきょう》など径一〇センチ前後の小型鏡が流行した時期である。華北では鏡の鋳造がしだいに衰退にむかい、鏡そのものが簡略化するのにたいして、華中・華南では新たに神獣鏡や大型の画像鏡が創出され、鏡づくりがなお盛んにおこなわれている。このころから中国の北と南で鏡の様式にちがいがあらわれ、楽浪郡にはおもに華北系統の鏡がもたらされる。

楽浪漢墓についてみると、後一世紀代には石岩里《せきがんり》二〇五号墓（王盱《おうく》墓）のように多数の

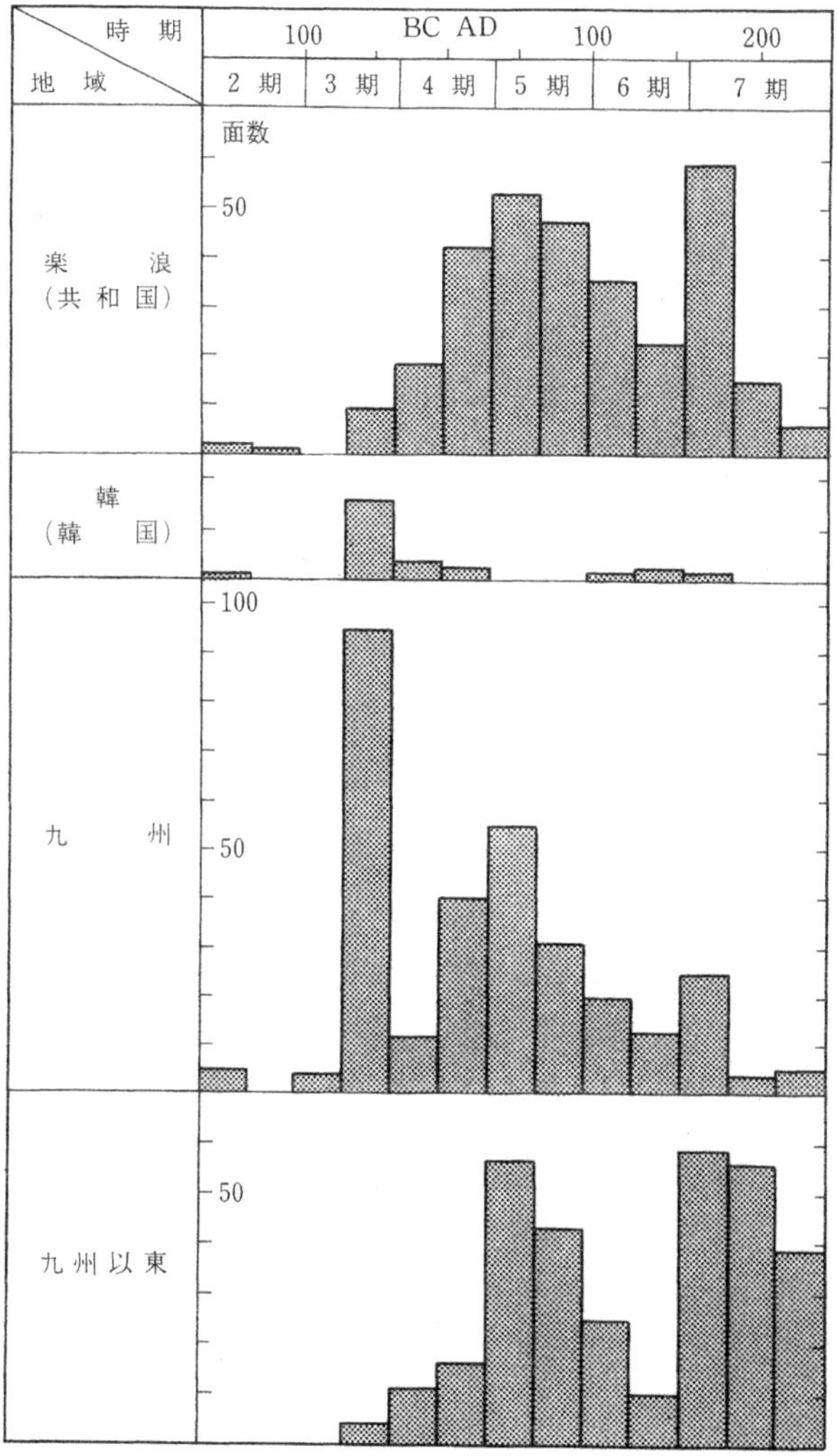

図21　漢鏡出土数の変遷

漆器や青銅器を副葬した墓が多くつくられるが、二世紀代に一転して漢墓が減少し、それまで多くみられた漆器や車馬具がほとんど消滅する。このことから、楽浪郡の疲弊は二世紀はじめごろからはじまっていたとする意見がある（田村晃一「弥生文化と朝鮮半島」『日本史の黎明』八幡一郎先生頌寿記念考古学論集、一九八五年）。それは漢鏡出土数の変化や史書の記録とも符合する。

楽浪と倭

日本列島における漢鏡出土数の変遷は、基本的に楽浪地域と同じ傾向があらわれている。図21についてみると、九州における漢鏡3期後半の突出した出土数をのぞけば、漢鏡6期後半までの約二〇〇年間、九州でもそれ以東でも、楽浪と同じように漢鏡5期前半にピークがあり、ほぼ軌を一にした増減の変化曲線を描いている。

出土数がピークに達する漢鏡5期前半（後一世紀中ごろ）とは、東夷諸族の入朝によって楽浪郡がもっとも安定し、「倭奴国王」が光武帝から金印を授与された時期にあたる。そのころの北部九州では甕棺《かめかん》墓が衰退し、平原一号墓をのぞけば、漢鏡を大量に副葬する風習が途絶えるいっぽう、弥生小型仿製《ぼうせい》鏡の製作が盛んになることから、漢鏡輸入量の減少を補うために小型仿製鏡がつくられたとみる意見もあった。しかし、後漢王朝や楽浪郡の側からみれば、この時期に倭との交流を抑制する要因はなにもなく、むしろ『後漢書』

東夷伝の序文に「故に章・和以後、使聘流通す」と、後一世紀後半の章帝・和帝以後は東夷との往来が頻繁になったことをいい、相前後して「倭奴国王」や「倭国王帥升等」の朝貢が実際にあったわけだから、後一世紀後半に日本列島でも漢鏡の出土数がピークに達したことは、まさにこの活発な交流を反映したものとみることができよう。

ところが二世紀前半の漢鏡6期になると、日本列島でも漢鏡の出土数が漸減する。これは後漢王朝の衰退に連動した楽浪社会の沈滞と東夷全体におよんだ動乱、それが倭国大乱の遠因にもなったのであるが、この東アジア情勢を反映したものと考えられる。倭人は楽浪郡をほとんど唯一の窓口として漢鏡を入手していたから、その輸入が楽浪郡の動向に強く規定されたのは当然のことであろう。

このように、楽浪・九州・九州以東の三地域における漢鏡出土数の変遷はほぼ軌を一にし、史書の記録する交流の推移とも合致することがわかった。ただし、日本列島のそれは伝世鏡《でんせい》をふくめた統計であり、伝世鏡を認めてはじめて漢鏡と史書との整合的な理解が可能になることもまた明らかである。そして、この解釈に立てば、『後漢書』に「倭国王帥升等」の男王が統治し、のち「倭国大乱」にいたったという「倭国」の範囲は、北部九州から北陸・東海にいたる広域が想定できるのである。

分布域の縮小

二世紀になると、日本列島では漢鏡が大量に一括出土する例がなく、出土量が漸減し、その分布域もいちじるしく縮小する。漢鏡6期の鏡はおもに北部九州から瀬戸内にかけて帯状に分布し、とくに漢鏡5期の鏡が分布した肥後・豊後・大和で分布が希薄になったことが目につく（図25）。そして漢鏡6期を前半と後半の二期に分けたばあい、後半期の鏡は北部九州以外にはほとんど分布しないのである。

大阪府高槻《たかつき》市弁天山B二号墳から出土した方格規矩鏡（図22）は、四神が八匹の鳥に交替し、TLV形がT形のみに簡略化したもので、漢鏡6期前半に位置づけられる。楽浪地域からこの同型鏡が出土しているため、楽浪郡を経由して伝来したことがわかる。漢鏡6期後半に位置づけられる簡略化した方格規矩鏡は、福岡市藤崎遺跡（図24の3）や福岡県宮田町汐井掛《しおいがけ》四号石棺墓など北部九州から散発的に出土している。

漢鏡6期前半の蝙蝠座内行花文鏡は、福岡県宗像市久原四号墳・広島県福山市石鎚山二号墓・兵庫県竜野市白鷺山一号墓・大阪市加美二号墓など西日本の各地から破鏡が出土している。福岡県大牟田市潜塚古墳の破鏡は、古墳時代前期まで伝世した例である。漢鏡6期後半の蝙蝠座内行花文鏡は、六世紀に下る島根県松江市岡田山一号墳や愛媛県川之江《かわのえ》市東宮山古墳をのぞけば、福岡市野方中原三号石棺墓や福岡県行橋《ゆくはし》市前田山九号石棺墓（図

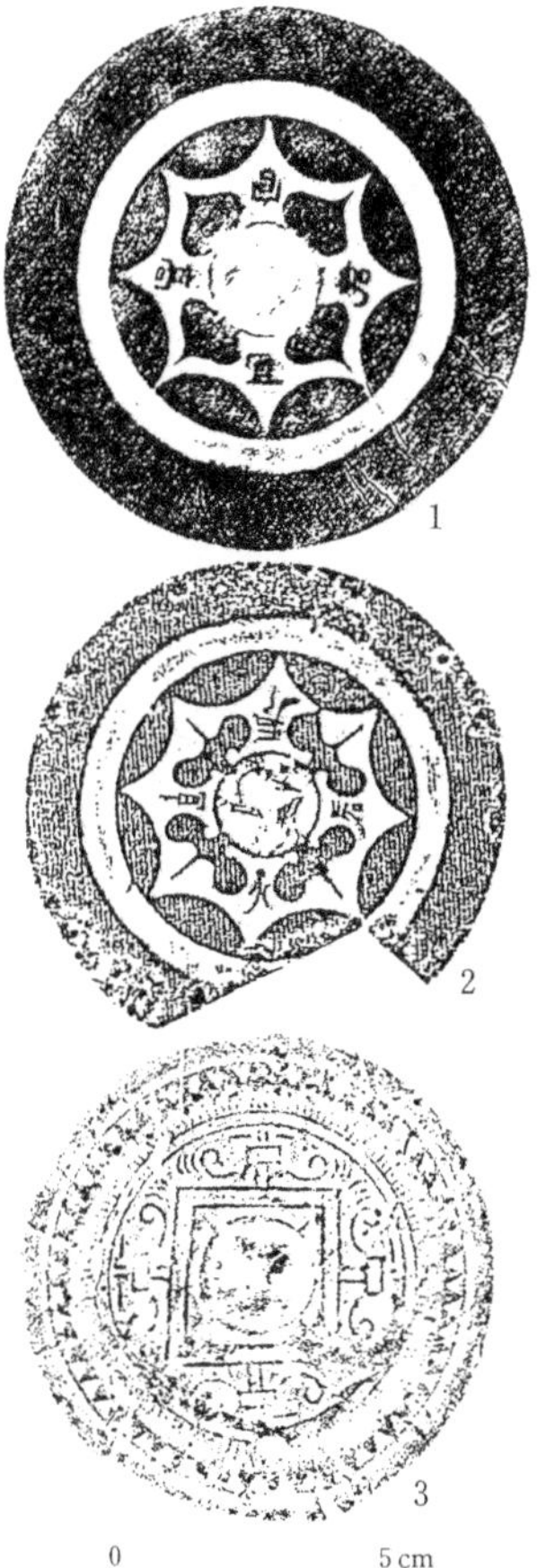

図24　内行花文鏡と方格規矩鏡
（漢鏡６期）
１　福岡県原田（福島日出海『嘉穂地区遺跡群Ⅳ』1987年），２　福岡県前田山（長嶺正秀編『前田山遺跡』1987年），３　福岡県藤崎

図22　大阪府弁天山２号墳の方格規矩鏡（漢鏡６期）
（『弁天山古墳群の調査』大阪府文化財調査報告第17輯，1967年）

図23　京都府黒田古墳の双頭竜文鏡（漢鏡６期）（『船阪，黒田工業団地予定地内遺跡群発掘調査概報』1991年）

24の2）など北部九州にほぼ限定される。このうち前田山鏡と岡田山鏡は鏡縁の一部が鉤形に欠けている。これを子細に観察した藤丸詔八郎氏は、小さい穿孔《せんこう》を数ヵ所にほどこして人為的に割ったものであり、嘉穂・京都郡の一帯でその加工がおこなわれ、岡田山鏡は破鏡のまま四〇〇年近く伝世したと推測する（「破鏡の出現に関する一考察」『古文化談叢』第三〇集上、一九九三年）。漢鏡のほとんどは四世紀までに伝世を中絶しているから、六世紀まで伝世した岡田山鏡はきわめて例外的なものである。

漢鏡6期前半の双頭竜文鏡は、京都府園部町黒田古墳から完形に復元できる鏡（図23）が出土し、北九州市馬場山四一号土坑《どこう》墓・金沢市無量寺B遺跡からは破鏡が出土している。黒田古墳は出現期の前方後円墳で、副葬にさきだって鏡を破砕して木棺の内外に分置する、弥生的な風習をのこしていた。破鏡の二例もまた弥生終末期のものである。

北部九州でつくられた弥生小型仿製鏡も、一世紀代は西日本の各地にひろく分布したのにたいして、二世紀になると分布域がいちじるしく縮小し、いまの福岡県内にほぼ収束するようになる。このように、二世紀には楽浪郡からの漢鏡の流入が減少するとともに、列島内でも広域の流通が抑制されたことがわかる。その時期は漢鏡からみておよそ二世紀中ごろであり、倭国大乱の影響によるものであろう。

卑弥呼の共立

帯方郡の設置

霊帝の死とともに後漢王朝内の抗争がいっそう激しくなり、一九〇年、董卓《とうたく》は洛陽の都を焼きはらい、献帝を擁して長安に逃走する。この動乱に乗じて遼東に自立したのが遼東太守の公孫度《こうそんたく》である。東に高句麗、西に烏丸《うがん》を討伐して、内外に勇名をとどろかせていた公孫度は、自立とともに海峡をこえて山東半島にも勢力を拡大し、三世紀はじめには、その子の康が楽浪郡の南の荒地に帯方《たいほう》郡を新設し、韓・濊《わい》を攻略して旧郡民を奪還した。『魏志』韓伝には「これよりのち、倭・韓はついに帯方に属す」と、帯方郡をつうじて公孫氏と倭との交渉がはじまったことを記している。

のちの『晋書』地理志によると、楽浪郡が六県三七〇〇戸、帯方郡が七県四九〇〇戸で、帯方郡は楽浪郡をしのぐ規模がある。しかし、その帯方郡の郡治については、ピョンヤンの南およそ六〇キロ、黄海道鳳川郡の智塔里《ちとうり》土城（古唐城）にあてる説、いまのソウルにあてる説、ソウルから智塔里土城に移動したとする説、などに分かれている。現状では、ソウル周辺にはそれを裏づける考古資料がないのにたいして、智塔里土城の周辺ではかつて「帯方太守張撫夷塼」銘磚《せん》のほか、後漢の光和五年（一八二）から魏晋代にいたる紀年銘磚が出土し、また漢鏡7期の鏡も少なからず出土していることから、わたしは当初からここに郡治があったと考えている。智塔里土城の城壁は周囲の長さが二二〇〇メートルあまりで、楽浪土城とほぼ同規模であることもこれを裏づける。公孫氏の勢力は、いまの北緯三七度線あたりを南限とし、韓族と対峙していたのであろう。

郡県の復興

二世紀にいちじるしく衰退した楽浪漢墓は、公孫氏政権のもとで急速に復興する。楽浪郡治の南に位置する彩篋《さいきょう》塚（南井里一一六号墓）は、王侯クラスに匹敵する豪華な墓室で、彩色の人物画で飾った彩篋・硯箱などのさまざまな漆器や木馬・馬車の模型といった優品にともなって上方作系浮彫式獣帯鏡が出土した。磚囲い木《もっ》槨墓《かくぼ》の梧野里一九号墓では、さまざまな漆器や木馬・馬車の模型、画文帯《がもんたい》神獣鏡が出土した。また、この時期には遼東からの影響を受けた磚室墓が出現し、前室の両側に耳室をもつ四室構造の南寺里二九号墓では、銀盆や青銅耳杯などの貴重な文物も出土している。

一世紀中ごろを境に漸減していた漢鏡の出土数も、この時期に一転して急増する。図21をみると、漢鏡7期（二世紀後半から三世紀はじめ）の鏡が帯方郡をふくめた楽浪地域から多数出土していることが明らかである。漢鏡7期を三段階に細分したなかでは、第一段階の鏡がとくに突出している。しかし、それは一時的な現象で、第二、第三段階へとふたたび出土数が下降し、漢鏡6期よりも減退しているのがわかる。

漢鏡7期の鏡

楽浪地域から出土する漢鏡7期の鏡には、おもにつぎのような鏡式がある。第一段階には上方作系浮彫式獣帯鏡・飛禽《ひきん》鏡・画像鏡・夔鳳《きほう》鏡・獣首鏡などがあり、第二段階は画文帯神獣鏡、第三段階は斜縁神獣鏡である。

第一段階のなかで、斜縁をもつ上方作系浮彫式獣帯鏡・飛禽鏡・画像鏡の三種は、中国ではきわめて例が少ないが、二世紀後半に山東南部・江蘇北部でつくられた、徐州系統の鏡と推測している。まず、瑞獣《ずいじゅう》を主文とする獣帯鏡は、漢鏡4期に細線式が出現したのち、漢鏡5期にそこから浮彫式が派生する。上方作系浮彫式獣帯鏡はこの系譜をひくものの、おもに江南で製作された浮彫式獣帯鏡とは直接つながらない。銘文の「上方作」は「尚方作」の仮借であるが、民間でそれを詐称したものである。飛禽鏡とは、羽根をひろげた鳥を浮き彫りふうに表現した、径一〇チセン以下の小型鏡で、四ヵ所に乳《にゆう》を配した型式は、いまのところ山東・河北省から出土しているだけである。画像鏡は、二世紀はじめに江南で創作された径二〇チセンをこえる大型品が有名だが、楽浪ではその型式は一面しか出土していない。楽浪から比較的多く出土する径一〇チセンあまりの小型の画像鏡は、それとは別の、徐州系統の鏡と推測している。以上の三種には紀年鏡がなく、実年代のわかる漢墓からの出土例もないため、二世紀後半という以上に年代を限定することはできない。

いっぽう、夔鳳鏡と獣首鏡には、二世紀中ごろから後半にかけての紀年鏡があり、「広漢西蜀」などの銘文や文様の特徴などから、二世紀後半の四川における工官系統の鏡と考えられる。楽浪出土と伝える延熹七年（一六四）銘獣首鏡はその例であるが、三世紀につくられた江南の夔鳳鏡や華北の獣首鏡とは型式のうえで弁別できる。

第二段階には環状乳神獣鏡・重列式神獣鏡・同向式神獣鏡・求心式神獣鏡・対置式神獣鏡などがあり、これを総称して画文帯神獣鏡という。神獣鏡とは、東王公・西王母・伯牙などの神仙と竜や虎などの霊獣を浮き彫りふうにあらわした鏡で、二世紀はじめにまず三神三獣の環状乳神獣鏡が四川で創出される。環状乳神獣鏡が盛行するのは、二世紀第3四半期に四神四獣鏡が出現して以後のことであり、これを漢鏡7期第二段階前半とする。この四神四獣の環状乳神獣鏡から、三世紀はじめに同向式神獣鏡・求心式神獣鏡・対置式神獣鏡が派生する。これが第二段階後半である。図像の意味する宇宙観はこれらの神獣鏡に共通するが、霊獣の肩と腰の部分が環状に突起し、神仙と霊獣が鈕《ちゅう》のまわりをめぐっているのが環状乳神獣鏡、神仙と霊獣がすべて同一方向を向いているのが同向式神獣鏡、鈕に向かって四神と蟠竜《ばんりゅう》形の霊獣を配置したのが求心式神獣鏡、東王公と西王母それぞれの両側に霊獣が向きあい、鈕をはさんでその二神が対向するのが対置式神獣鏡である。二世紀後半の環状乳神獣鏡は四川に製作の中心があったが、二世紀末にはその中心が長江中・下流域に移動し、なかでも対置式神獣鏡は三世紀の江南を代表する鏡となった。この系列とは別に、青竜・白虎・朱雀・玄武の四神と多数の神仙を数段に分けて配列したのが重列式神獣鏡であり、二世紀末に出現し、三世紀をつうじて江南に盛行した。

第三段階の斜縁神獣鏡は、画像鏡を母胎に神獣鏡の図像表現をとりいれた鏡で、東王公と西王母の陰陽二神と四方を守護する二獣を乳の間に配置した二神二獣鏡を基本とし、同向式二神二獣鏡・三神三獣鏡・四獣鏡などの変異がある。神獣鏡と画像鏡をモデルにした点は三角縁神獣鏡と同じで、文様にも共通するところが多い。日本の前期古墳のなかでは比較的新しい段階の古墳から出土することが多かったため、三角縁神獣鏡より後出する西晋代の鏡と考えられたことがあるが、徐州系統の上方作系浮彫式獣帯鏡や画像鏡と共通する文様があること、斜縁神獣鏡の銘文「師命長」の「師」は晋室の祖司馬師の諱《いみな》で、晋代にはその字を避けていたこと、楽浪の貞梧洞八号木槨墓では漢鏡6期の内行花文鏡《ないこうかもん》とともに出土していることから、三角縁神獣鏡に先行する三世紀前半の年代が想定できる。斜縁同向式二神二獣鏡や斜縁四獣鏡は徐州地域から出土し、遼寧省遼陽出土の「同（銅）出徐州」銘の方格規矩鏡と文様要素が共通するため、徐州系統の鏡と推定している。なお、後漢から魏への王朝の交替は二二〇年、斜縁神獣鏡はそれより新しい可能性があり、今後の検討によっては魏鏡に編入すべきかもしれない。

倭国乱の終息

日本列島でも漢鏡7期に、それまでの減退傾向から一転して漢鏡の出土数が激増する。図21（一一七頁）をふりかえると、九州では漢鏡7期第一段階の鏡が一時的に増加に転じるものの、楽浪ほどの回復をみせることなく、そのまま第二、第三段階には退潮するが、九州以東は、漢鏡7期第一段階に鏡の出土数が飛躍的に急増し、つづく第二段階の画文帯神獣鏡、第三段階の斜縁神獣鏡でもその状態をほぼ維持している。これが「倭国乱れ、相い攻伐すること歴年、すなわち共に一女子を立てて王となす。名づけて卑弥呼という」と『魏志』倭人伝に記された、倭国乱の終息と邪馬台国を盟主とする倭政権の樹立とを反映していることはいうまでもない。

漢鏡7期の各段階の鏡について、日本列島での分布をみたのが図26である。第一段階の鏡は九州から近畿にかけて比較的均等に分散し、一部は関東地方におよんでいる。北部九州に収束していた漢鏡6期後半の鏡の分布域が、漢鏡7期第一段階にいたって出土数と分布域が急速に拡大したことがわかる。楽浪郡の復興によって漢鏡の供給が保証されたことと、倭国乱の終息によって地域間交易が活発化したことが大きな要因であろう。

第一段階の過半をしめるのが上方作系浮彫式獣帯鏡である。多くは前期古墳からの出土であるが、畿内では奈良県天理市天神山古墳・神戸市西求女塚《にしもとめづか》古墳・神戸市ヘボソ塚古墳など定型化した前方後円（方）墳から多数の鏡をともなって出土することが多いのにたいして、畿外では鳥取県米子市石州府《せきしょ》二九号墳（図27の2）・兵庫県揖保川町養久山《やくやま》一号墳・長野県松本市中山三六号墳のような古墳以前の墳丘墓ないしは小型の前期古墳から一面だけが出土し、倭政権から分配された三角縁神獣鏡・仿製鏡・碧玉製腕飾類などをともなわないことが多い。弥生終末期にさかのぼる破鏡《はきょう》には福岡市野方中原一号石棺墓・京都府福知山市狸谷一七号墓・千葉県木更津市高部三二号墓などがあり、すべて畿外からの出土である（拙稿「浮彫式獣帯鏡と古墳出現期の社会」『出雲における古墳の出現を探る』一九

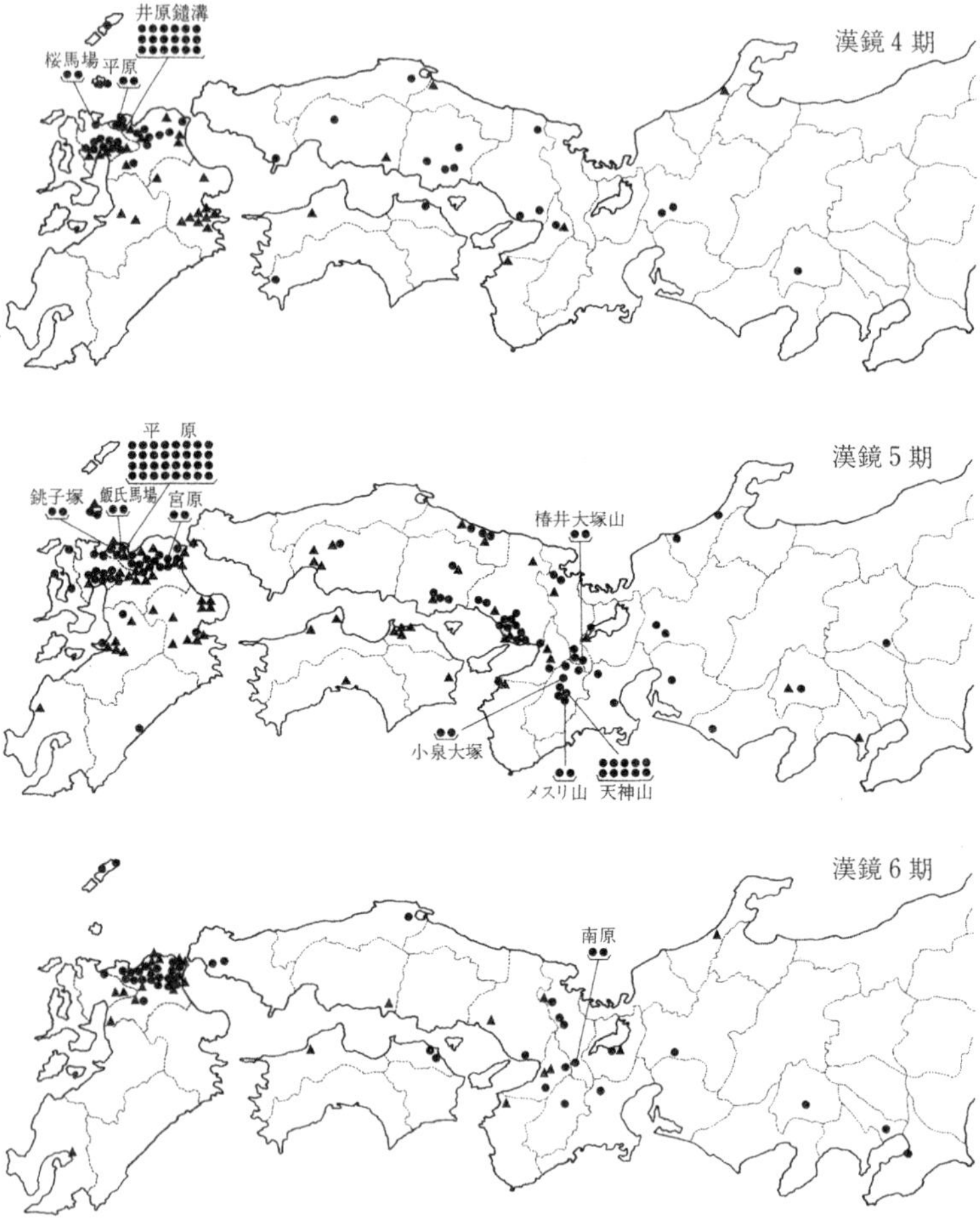

図25　漢鏡分布の変遷（漢鏡 4 ～ 6 期）　●＝完形鏡，▲＝破鏡

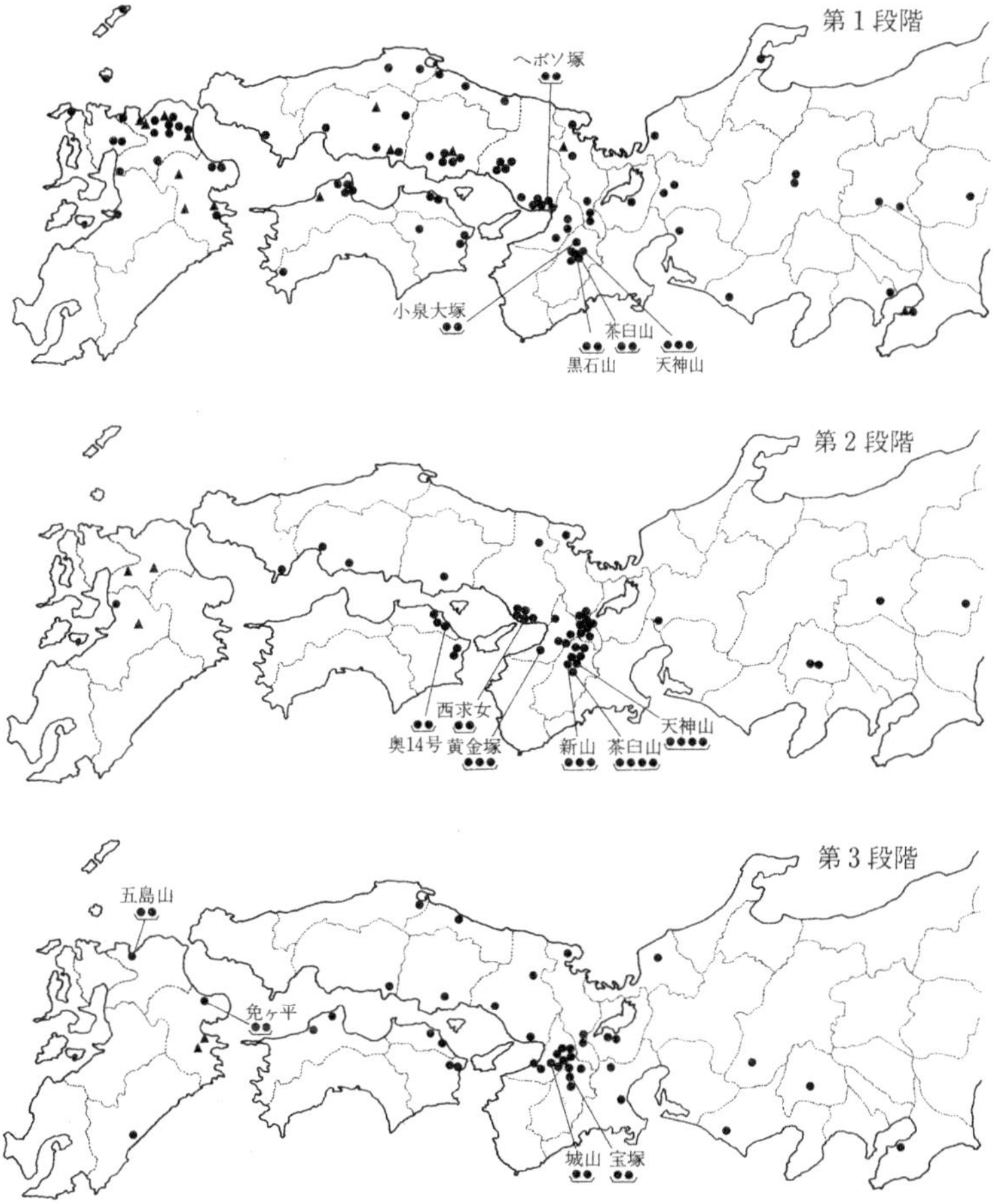

図26　漢鏡 7 期各段階の分布　●＝完形鏡，▲＝破鏡

九二年)。

飛禽鏡についてみると、弥生終末期にさかのぼる例として、福岡県朝倉町外之隈《そとのくま》II区一号墓・大分県宇佐市高森一号墓（図27の5）・岡山県総社市宮山墓・福井県武生市岩内山D一号墓などがある。外之隈一号墓の鏡は副葬時に破砕された状態で出土し、宮山墓は特殊器台をもつ前方後円形の墳丘墓で、後円部の竪穴式石室から鉄刀・鉄剣・ガラス玉などとともに出土した。高森一号墓は五面の三角縁神獣鏡を出土した前方後円墳の赤塚古墳に近接する方形周溝墓である。また、破鏡は福岡県宮田町汐井掛二八号墓や広島県福山市石槌権現五号墳から出土している。石槌権現五号墳は古墳時代前期末の前方後円墳であり、後円部の中心埋葬には仿製鏡が副葬されていたのにたいして、飛禽鏡の破鏡は前方部裾の土坑墓から出土した。このような出土例からみると、飛禽鏡は首長に従属する身分に属したものと考えられる。おそらく、それは径一〇チセン未満の小型鏡であるため、精良な中国鏡ではあっても、やや格が落ちるものとみなされたのであろう。

画像鏡は、畿内では奈良県天神山古墳や神戸市西求女塚古墳のような多数の鏡をもつ前方後円墳から出土するのにたいして、畿外では福岡県大牟田市潜塚古墳（図27の4）のように小型円墳からの出土や、大分県竹田市石井入口七二号住居跡のように破鏡として出土

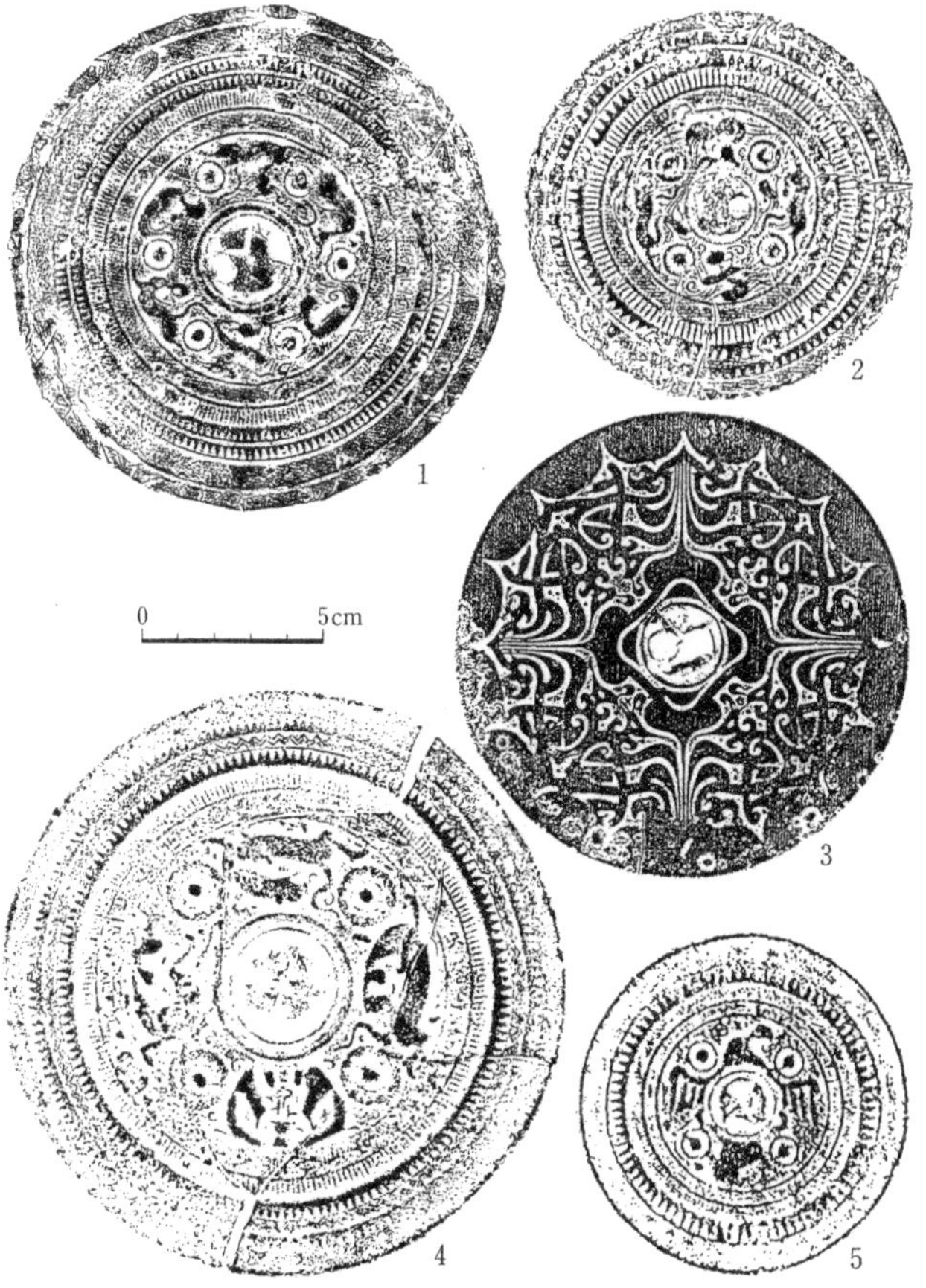

図27　漢鏡7期第1段階の鏡

1・2　上方作系浮彫式獣帯鏡（島根県松本1号墳；山本清ほか『松本古墳調査報告』1963年，鳥取県石州府29号墳；『鳥取県教育文化財団報告書』17，1985年），3　夔鳳鏡（栃木県那須八幡塚古墳；三木文雄ほか『那須八幡塚』1957年），4　画像鏡（福岡県潜塚古墳；森貞次郎ほか『潜塚古墳』1975年），5　飛禽鏡（大分県高森1号墓；高橋徹「大分県出土の古鏡について(1)」『大分県地方史』152号，1994年）

し、夔鳳鏡や獣首鏡も、畿外の古墳では一面のみの出土がふつうである。
このように、漢鏡7期第一段階の鏡は、九州から関東までひろく分布し、弥生的な破鏡や弥生終末期にさかのぼる例が少なくないことから、二世紀後半のうちに流入したことがわかる。古墳時代まで伝世したものでも、畿外の古墳では倭政権から分配された威信財をともなわず、鏡は一面だけのことが多いため、畿内から一元的に分配されたものではなく、自然な流通によって楽浪郡から日本列島の各地に流入したものと考えられる。

画文帯神獣鏡　漢鏡7期第二段階の画文帯神獣鏡は、二世紀後葉から三世紀はじめに製作され、第一段階の鏡よりややおくれて出現した。五、六世紀の古墳から画文帯神獣鏡の踏み返しによる同型鏡が出土しているが、これは倭の五王の時代に中国南朝との交渉によってもたらされた可能性があるため除外し、ここでは確実に前期古墳から出土したものにかぎってみていくことにしよう。

前期古墳から出土する画文帯神獣鏡のなかで過半をしめる形式は、前半期の環状乳四神四獣鏡である。ついで同向式神獣鏡・求心式神獣鏡・画文帯四獣鏡など後半期の形式が数面ずつある。京都府山城町椿井大塚山古墳の対置式神獣鏡（図28の4）や神戸市夢野丸山古墳の重列式神獣鏡などは三国代に下る型式である。

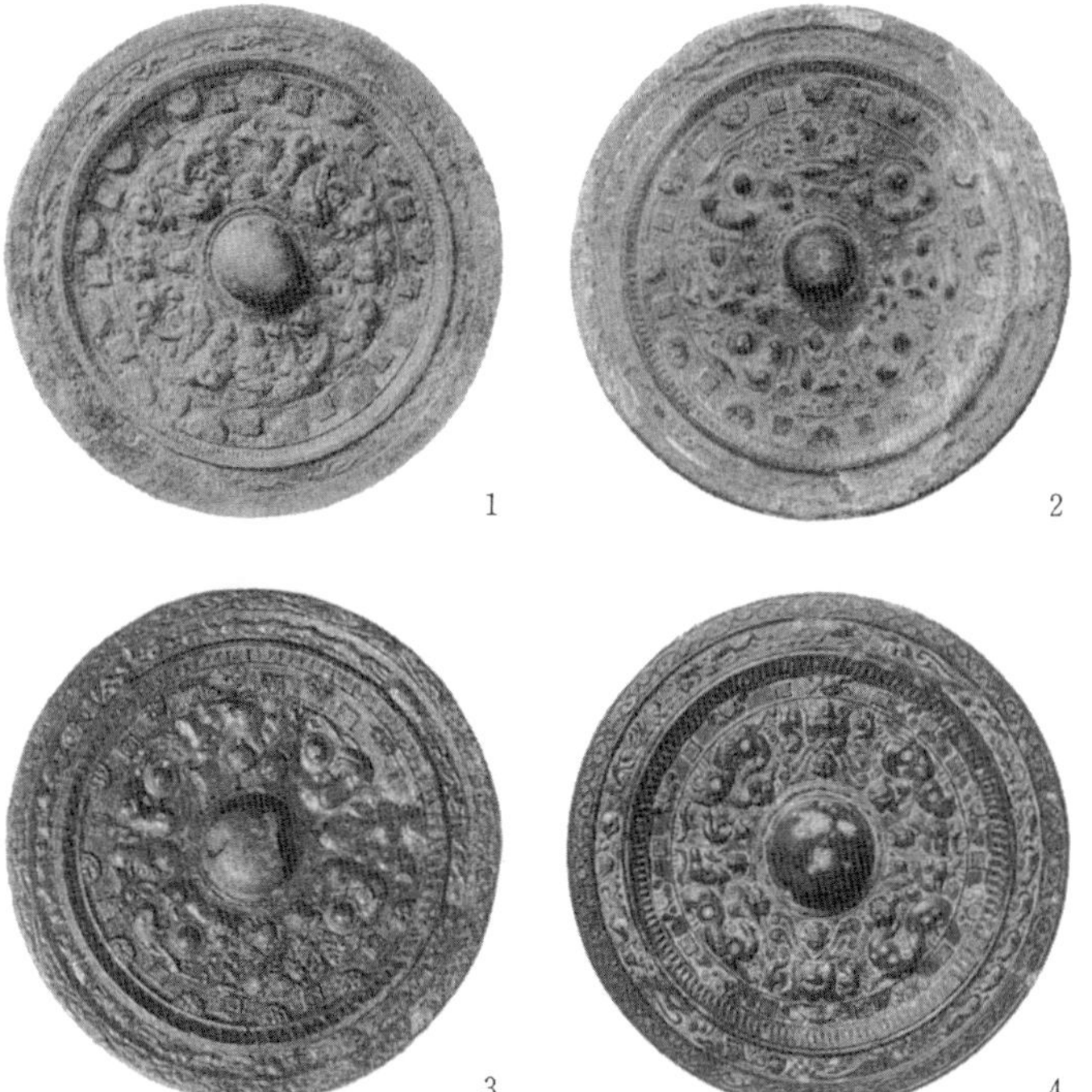

図28　漢鏡7期第2段階の画文帯神獣鏡

1　環状乳神獣鏡（神戸市西求女塚古墳6号鏡，神戸市教育委員会提供），2　同向式神獣鏡（神戸市得能山古墳，東京国立博物館蔵），3　求心式神獣鏡（岐阜県円満寺山古墳，岐阜県博物館蔵），4　対置式神獣鏡（京都府椿井大塚山古墳）

この画文帯神獣鏡の分布をみると（図26）、西日本全体に分散していた漢鏡7期第一段階の鏡から一転して、瀬戸内東部から畿内に集中する傾向が読みとれる。とくに前半期の環状乳神獣鏡にその傾向が強く、後半期に分布がやや拡大するものの、奈良盆地東南部の桜井市茶臼山《ちゃうすやま》古墳から四面以上、天理市天神山古墳から四面がまとまって出土し、奈良県広陵町新山古墳から三面、京都府八幡市石不動古墳・大阪府和泉市黄金塚古墳・神戸市西求女塚古墳・香川県寒川町雨滝山奥一四号墳から二面ずつ出土していることに注意される。桜井茶臼山古墳は全長二〇七メートルの前方後円墳で、竪穴式石室は盗掘にあって鏡はみな小片になっていたが、三角縁神獣鏡八面と仿製大型内行花文鏡三面をふくむ一九面が復元されている。漢鏡7期の鏡すべてをふくめると、天神山古墳の七面を筆頭に、茶臼山古墳は六面以上、西求女塚古墳とヘボソ塚古墳は四面、黄金塚古墳は三面と、畿内の大型前方後円(方)墳に集中していることが明らかである。畿外をふくめても、画文帯神獣鏡は前方後円(方)墳からの出土が多く、この点は漢鏡7期第一段階の鏡と対照的である。

いっぽう、それまで漢鏡を優位に保有していた北部九州では、この段階にいちじるしく減少する。完形鏡は前方後円墳の熊本県岱明町院塚古墳から出土した同向式神獣鏡の一面だけで、ほかは福岡県朝倉町外之隈Ⅰ区一号墓から環状乳神獣鏡、福岡県久留米市祇園山古墳裾の甕棺墓から画文帯四獣鏡、熊本県阿蘇町狩尾湯の口二号石棺墓から同向式ないしは求心式神獣鏡の破鏡が出土している。祇園山古墳では、方墳の中心埋葬から三角縁神獣鏡、墳丘裾に付属する一号甕棺墓から破鏡が出土したため、破鏡は首長に従属する身分に属したことがわかる。

　画文帯神獣鏡の破鏡は日本全体をみても九州の三例だけであり、破鏡への分割は北部九州でおこなわれたと考えられる。弥生後期をつうじて北部九州は漢鏡の分割とその破鏡を分配する中心であったが、漢鏡7期の鏡から段階的に終焉《しゅうえん》にむかっていた。福岡市老司《ろうじ》古墳から出土した三角縁神獣鏡の破鏡はおそらくその最後のものであろう。

　以上のように、画文帯神獣鏡は、畿内にいちじるしく集中し、北部九州に希薄なことから、楽浪・帯方郡から畿内に直接もたらされ、新たに成立した首長間の同盟体制にもとづいて、畿内の盟主的な首長から一元的に分配されたものと考えられる。また、首長層の定型化した前方後円（方）墳からの出土が多く、その体制は古墳時代前期までそのまま維持されたことがうかがえる。九州から出土した破鏡をふくむ四例については、楽浪・帯方郡から独自に入手したものか、畿内から分配されたものかは即断できないが、三角縁神獣鏡と同じように、畿内からの分配を想定しておきたい。

図29　漢鏡７期第３段階の鏡
左：斜縁神獣鏡（岡山県木ノ本），右：斜縁四獣鏡（高松市石清尾山猫塚古墳，東京国立博物館蔵）

画文帯神獣鏡の分配時期については、第二段階後半の同向式神獣鏡を出土した徳島県鳴門市萩原一号墓がひとつの手がかりとなる。それは前方後円形の積石墓で、副葬時に鏡を破砕する弥生的な風習をとどめ、共伴した土器は庄内式併行の弥生終末期にさかのぼる。破鏡を出土した外之隈一号墓や狩尾湯の口二号墓もこれとほぼ同時期である。したがって、画文帯神獣鏡は三世紀はじめまでに伝来し、ほどなくして畿内から一元的に分配されたのであり、萩原一号墓のように入手した首長の死とともに副葬されることもあれば、二、三世代ほど伝世するばあいもあったと考えられる。

つづく漢鏡７期第三段階の斜縁神獣鏡は、三世紀前半という以上に年代をしぼりこめないが、これまで日本列島から五〇面あまり出土し、畿内を中心に分布する傾向は画文帯神獣鏡と同じである。破鏡は大分市守岡遺跡と大分県犬飼町舞田原遺跡に例がある。前方後方形墳丘墓の千葉県木更津市高部三〇号墓から出土した鏡は、画像鏡と斜縁神獣鏡との中間的な型式であるが、破砕ののち副葬する弥生的な風習がみられた。斜縁神獣鏡もまた、三角縁神獣鏡に先行して伝来し、畿内から一元的に分配されたものであろう。

墳丘墓に副葬された漢鏡

漢鏡7期の鏡が流通したのは、弥生終末期の庄内式土器の時期である。この時期には、九州から関東までのひろい範囲で土器が移動し、地域間交流が活発化する。とくに奈良盆地東南部の桜井市纏向《まきむく》遺跡では、この時期に突如として大規模な集落と大型墳丘墓の建設がはじまり、西は瀬戸内・山陰地方、東は関東・北陸地方など各地の土器が流入する。纏向遺跡では東海系土器が目立ち、八尾市久宝寺・中田遺跡など河内平野一帯では、瀬戸内・山陰地方の土器のほか、朝鮮半島の陶質土器や軟質土器もみられる。漢鏡7期第一段階の鏡が九州から関東まで広域に拡散したのは、この活発な地域間交流が背景にある。また、階層分化がいちじるしくなり、首長や族長個人を埋葬した墓が集落に隣接する共同墓地から独立し、平野を一望する丘陵上や山頂にその墳丘墓が営まれるようになる。そのなかで円形ないしは方形の墳丘に突出部のついた前方後円形や前方後方形の墳丘墓が出現し、古墳時代の定型化した前方後円墳や前方後方墳にさきがけて九州から関東まで広域にひろまった。このような墳丘墓にはしばしば漢鏡7期の鏡や以前からの伝世《でんせい》鏡が一面だけ副葬される。

鳥取市桂見二号墓では、長方形墳丘墓の中心埋葬から二面の漢鏡が出土したが、漢鏡5期の内行花文鏡は副葬時に破砕されたのにたいして、漢鏡7期の上方作系浮彫式獣帯鏡は完形のまま副葬されていた。伝世の内行花文鏡が破砕されたのは、その鏡に特別な意味があったからである。しかし、弥生終末期では漢鏡7期の鏡にたいしても破砕副葬がふつうであった。画文帯神獣鏡を出土した前方後円形積石墓の徳島県萩原一号墓や斜縁神獣鏡を出土した前方後方形墳丘墓の千葉県高部三〇号墓などがその例である。破砕副葬の風習は、古墳時代に急速にすたれるが、この時期に九州から関東まで広範に発現していることは、葬送儀礼の斉一化のあらわれとみることができる。

弥生終末期の漢鏡について、破砕副葬とならぶ重要な現象は、伝世の中絶である。とくに伝世された破鏡の多くは、この時期に墳墓に副葬されたり、住居内に捨てられたりしている。完形鏡はそのまま古墳時代まで伝世することが多いが、この時期に伝世が中絶したばあいは、ほとんどが墳墓に破砕して副葬されている。このような伝世鏡にたいする意識の変化については、『魏志』倭人伝に「鬼道につかえ、よく衆を惑わす」と伝える卑弥呼の登場と関連があるだろう。卑弥呼に体現される新しい宗教的な権威によって、破鏡をふくむ伝世鏡がもっていた伝統的な価値が急速に失われていったと考えられる。伝世の中絶と破砕副葬は弥生時代との決別を象徴する儀礼行為だったのかもしれない。

倭政権の成立

漢鏡6期後半の鏡は出土数が少なく、北部九州に分布がほぼ限られていた。これは楽浪郡の疲弊と西日本全体をおおう倭国乱によるものである。ついで漢鏡7期第一段階の鏡になると、一転して出土数が激増し、九州から関東までひろく分布する。楽浪郡の復興と倭国乱の終息により、ふたたび大量の漢鏡がもたらされたのである。ところが漢鏡7期第二段階の画文帯神獣鏡になると、畿内にいちじるしく集中し、定型化した前方後円（方）墳から数面がまとまって出土することが多い。それまでの北部九州を経由する自然な流通ではなく、楽浪・帯方郡から畿内に直接もたらされ、ここから一元的に分配されたのである。これは、三角縁神獣鏡にさきだって、画文帯神獣鏡の輸入を独占し、それを従属する首長たちに分配することによって政治的関係をとりむすぶ体制が畿内に形成されたことを意味している。

『魏志』倭人伝は、倭国乱ののち邪馬台国を盟主とする倭国の政治体制が成立したこと

図30　朝鮮黄海道信川郡出土の画文帯同向式神獣鏡

を記録している。二世紀後葉から三世紀はじめという画文帯神獣鏡の年代からみて、畿内を中心としたその分配関係とは、まさに卑弥呼の共立によって成立した政治体制にほかならない。畿内に中心基盤をおいたその政権は、卑弥呼の宗教的な権威によりながら、前一世紀から後一世紀の「伊都」や「奴」と同じように、中国王朝の権威を象徴的に内包する漢鏡を分配することによって国内の同盟関係を確認し、政権を維持したのである。しかも、画文帯神獣鏡の多くは、いくらか伝世したのち古墳時代の首長墓に副葬されているので、その政治的な関係はそのまま古墳時代まで維持されたと考えられる。したがって、魏から下賜された三角縁神獣鏡の分配が二四〇年以降の卑弥呼政権の後半期を代表するものとすれば、画文帯神獣鏡のそれは卑弥呼政権の前半期を代表するものといえるだろう。

公孫氏と卑弥呼

日本列島から出土する漢鏡7期の鏡は、楽浪・帯方地域と鏡の種類が一致するため、そこを経由してもたらされたと考えられる。とくに、徳島県萩原一号墓の画文帯同向式神獣鏡と同型の鏡が帯方郡の所在した黄海道信川郡から出土し（図30）、漢鏡6期にさかのぼるが、大阪府弁天山B二号墳の方格規矩鏡と同型の鏡がやはり楽浪地域から出土しているので、漢鏡が楽浪・帯方郡をつうじて伝来したことはまちがいない。

漢鏡7期の鏡が流通したころ、楽浪・帯方郡を支配していたのは遼東の公孫氏である。公孫氏政権のもとで楽浪社会は急速に復興し、三世紀はじめに公孫氏が楽浪郡の南に帯方郡を設置すると、倭・韓はこれに属したという。このときすでに卑弥呼が倭王に擁立されていたから、公孫氏と卑弥呼との通交があったことはまちがいない。

さきの図21をみると、漢鏡7期第二段階の画文帯神獣鏡は、楽浪地域では第一段階の鏡にくらべて極端に減少しているのにたいして、九州以東では多数の出土がある。楽浪のそれが漢鏡の自然な流通状態を反映しているとすれば、倭における画文帯神獣鏡の多さは異常な現象といえる。これは卑弥呼の朝貢にたいして公孫氏が画文帯神獣鏡を特別に贈与し、卑弥呼を戴く倭政権がその輸入を独占していたからであろう。

これに関連して、奈良県天理市東大寺山古墳から出土した「中平（一八四〜一九〇）」紀年銘の鉄大刀は公孫氏が卑弥呼に下賜したものと推測する説（金関恕「中国と弥生文化」

『弥生文化の研究』九、一九八六年）に注意しておきたい。この古墳は全長一四〇メートルの前方後円墳で、粘土槨の中心部は盗掘されていたが、木棺の両側からは鉄刀二〇本をはじめとする多数の武器が出土した。中平年銘大刀はその一本で、刀の背に金象嵌《きんぞうがん》でほどこされた銘文は「中平□年、五月丙午、造作文刀、百練清剛、上応星宿、下辟不祥」と復元されている。漢代の紀年銘大刀は例が少なく、この大刀は中平六年（一八九）に公孫度が遼東太守に任命されたときに授与され、公孫度の自立ののち、朝貢してきた卑弥呼に贈られたと金関氏は推測している。この中平年銘大刀は画文帯神獣鏡と同時期のものであるから、ちょうど二三九年に魏が倭王卑弥呼に「銅鏡百枚」や「五尺刀二口」などを贈ったように、公孫氏が朝貢の見返りとして大量の画文帯神獣鏡とこの大刀を卑弥呼に贈った蓋然性は高い。卑弥呼の政権で活躍した人物はこれを宝器として伝世し、一〇〇年あまりのちにその子孫が東大寺山古墳に副葬したものである。伝世は鏡だけではなかったこともまた重要な事実であろう。

親魏倭王卑弥呼

銅鏡百枚

景初三年の朝貢

二三四年、魏軍と対戦していた蜀の諸葛孔明《しょかつこうめい》が五丈原の陣中に病没し、蜀軍が撤退する。蜀との大規模な戦争が回避されたことにより司馬懿《しばい》の率いる魏軍も洛陽にひきあげる。このころ、遼東の公孫《こうそん》氏は呉と通交して魏に敵対する動きをみせ、二三七年にはついに自立して燕《えん》王となった。このため、魏は司馬懿の率いる軍を遼東に差しむけ、公孫氏を滅ぼしてしまう。ときに二三八年八月のことである。楽《らく》浪《ろう》・帯方《たいほう》郡もこのとき魏に接収され、帯方郡に属していた韓の族長らに印綬《いんじゅ》が下賜された(『魏志』韓伝)。

公孫氏の滅亡を受けて、明くる景初三年(二三九)六月、倭の女王卑弥呼は大夫難升《なんしょう》米《まい》らを帯方郡に遣わし、朝見を願いでた。帯方郡では官吏を同行させて都の洛陽にいたる。その年の十二月、魏の皇帝は詔書を下し、海のかなたからはるばる使いを送ってきた卑弥呼を「親魏倭王」に冊封したうえ、男女の生口一〇人や布などの献上品の見返りとしてさまざまな織物類を下賜した。また、とくに卑弥呼にたいして織物類のほか、金八両（約一一〇グラム）、五尺（約一二〇センチ）刀二口、銅鏡一〇〇枚、真珠と鉛丹（水銀朱）それぞれ五〇斤（約一一キロ）を賜与した。そして「還り到れば録受し、悉《ことごと》く以て汝《なんじ》が国中の人に示し、国家（魏）汝を哀しむを知らしむべし。故に丁重に汝に好物を賜うなり」と命じた。これが『魏志』倭人伝の記録である。

三角縁神獣鏡とは

倭王卑弥呼に下賜された「銅鏡百枚」は三角縁神獣鏡であると考えている。三角縁神獣鏡とは、中国の神話や物語に登場する西王母や東王公などの神仙と天を守護する霊獣とを浮き彫りふうに表現した神獣鏡のなかで、周縁の断面が三角形状に尖《とが》った鏡をいう。この三角縁神獣鏡が画文帯《がもんたい》神獣鏡と異なる特徴は、三角縁であることのほかに、直径が二〇センチをこえる大型品が多く、平均が二二・三センチもあること、斜縁神獣鏡と同じように、内区の神獣像が四ないし六個の乳《にゆう》で区画され、外区文様の多くは二条の鋸歯《きよし》文が複線波文をはさむ画一的な文様になること、漢鏡では外区文様であった画文帯・獣文帯・唐草文帯・波文帯などが内区外周に挿入されていること、などがあげられる。この三角縁神獣鏡には、いわゆる舶載鏡と仿製《ぼうせい》鏡とがあり、たんに三角縁神獣鏡と呼ぶばあいは、すべて舶載鏡を指すことにする。

三角縁神獣鏡は、日本の古墳からこれまでに四〇〇面近く出土している。銘文に「陳氏」や「張氏」「王氏」など中国人の作者名があり、図像文様からみても、明らかに中国鏡の特徴をもっているが、これを最初に魏の鏡と認めたのは富岡謙蔵氏である。富岡氏は、三角縁神獣鏡の銘文のなかに「銅出徐州、師出洛陽」すなわち徐州の銅を用いて洛陽の工人がつくったことを記した句があることに着目し、徐州と洛陽のふたつの地名が同時に用いられていた時期は魏・晋代にかぎられ、また師という文字は晋の祖司馬師の諱《いみな》であり、晋代にはその文字の使用を避けていたことにより、この銘文をもつ鏡の年代は魏代に限定できる、という考証をおこなった（『古鏡の研究』一九二〇年）。その後、景初三年（二三九）と正始元年（二四〇）という魏の年号をもつ三角縁神獣鏡が発見され、魏における製作が確実視された。とりわけ、景初三年は卑弥呼がはじめて魏に使者を派遣した年であり、翌年の正始元年はその使者が下賜品を携えて帰国して卑弥呼が正式に冊封《さくほう》される記念すべき年であったから、卑弥呼に下賜された「銅鏡百枚」が三角縁神獣鏡であった蓋然性はきわめて高いとおもわれたのである。

王仲殊説

三角縁神獣鏡を魏鏡と考える説の最大の弱点は、それが中国から一面も出土していないことである。森浩一氏はいち早くこの問題点を指摘し、倭に渡来した工人が製作したものと推測した（「日本の古代文化」『古代史講座』三、一九六二年）。その後、奥野正男氏は三角縁神獣鏡を独自に編年し、最初の段階には登場しない笠松形文様は、二四七年に魏から難升米に授けられた「黄幢《こうどう》（軍旗）」をあらわしたもので、漢鏡には例がないことから、その国産説を強く主張している（『邪馬台国の鏡』一九八二年）。

三角縁神獣鏡の製作地論争は久しく日本の国内的な問題であったが、一九八一年、中国考古学の重鎮、王仲殊氏が、三角縁神獣鏡は呉の渡来工人が日本列島で製作したという説を中国の『考古』誌上に発表するにおよんで、その問題がひじょうに大きな関心を呼ぶことになった。その論点はつぎのように要約できるだろう。三角縁神獣鏡と系譜のつながる神獣鏡や画像鏡は、江南の呉の領域に発達したもので、華北の魏の領域では、それとはまったく形式のちがう内行花文鏡《ないこうかもんきょう》・方格規矩四神鏡《ほうかくきく》・獣首鏡・双頭竜文鏡《そうとうりゅう》（位至三公鏡《いしさんこう》）などが主となり、神獣鏡が流行することはなかった。しかも、三角縁神獣鏡は日本列島から出土するのみであるから、神獣鏡の製作に熟達した呉の工人がなんらかの理由によって東渡し、日本列島でそれを製作したと考えるのが妥当である。このことは三角縁神獣鏡の銘文から証明できる。すなわち、大阪府柏原市国分茶臼山《ちゃうすやま》古墳の鏡に「吾作明竟（鏡）真大好、浮由（游）天下敖（遨）四海、用青銅至海東」、あるいは滋賀県野洲町大岩山古墳の鏡に「鏡陳是（氏）作甚大工、刑（型）模周（彫）刻用青銅、君宜高官至海東」という「海東」は日本列島を指し、「海東に至る」という銘文は中国鏡にはまったく例がなく、中国の工人が日本列島に渡って鏡を製作したという特殊な事情をものがたる。また、島根県加茂町神原《かんばら》神社《じんじゃ》古墳から出土した鏡の銘文は「景初三年、陳是作鏡、自有経述、本是京師、杜地□出」と読まれているが、「杜地□出」は同時代の金石文に照らしてみると、「絶地亡出」すなわち「故郷から遠く離れた絶界の地に亡命した」と読まれ、銘文は全体として作鏡者の陳氏が「自らの経歴を述べた」ものと解釈すべきである、と。王氏はほかに、神像のかわりに仏像をいれた三角縁仏獣鏡についても詳細な議論をおこない、自説を補強している（『三角縁神獣鏡』尾形勇・杉本憲司訳、一九九二年）。

王説への疑問

王氏の議論は銘文解釈と神獣鏡の分布によって立論されているが、まずその銘文解釈には賛成できないところがある。たとえば「至海東」の句は、「浮游天下敖四海」と一連のもので、東方海中にあると信じられていた仙界を指すも

図31　三角縁神獣鏡とされる鏡
左：愛知県東之宮古墳出土，右：山東省滕州市出土

のと解釈すべきであり、景初三年鏡についても、「陳是作鏡、自有経述（術）、本是京（鏡）師、杜地工出」と読み、「陳氏のつくった鏡はすぐれたもので、この種の鏡が鏡師の杜地から創りはじめられた」と解釈した笠野毅氏の説（「景初三年・正始元年・景初四年の陳氏作鏡銘の解釈」『日本と世界の考古学』岩崎卓也先生退官記念論文集、一九九四年）が妥当である。つまり、いずれの銘文も、やや特殊な字句を用いているとはいえ、鏡の良さや福禄寿などの効能書き、神仙思想といった、漢鏡と同じ類型的な内容をあらわしたものにすぎない。王氏の読み方は、予見をもった、やや強引な解釈というべきであろう。

　つぎに、神獣鏡がおもに江南に分布しているのは事実だが、田中琢氏の指摘するように、正始五年や泰始六年・七年・九年・十年など魏や西晋の年号をもつ神獣鏡があって、華北に神獣鏡がまったくなかったわけではない（「日本列島出土の銅鏡」『三角縁神獣鏡の謎』一九八五年）。とくに、内区に乳を配置した画文帯同向式神獣鏡や斜縁神獣鏡は、乳を配置しない対置式神獣鏡や重列式神獣鏡などの呉鏡とはちがって、三角縁神獣鏡との親縁関係が強いものだが、楽浪・帯方郡域のほか、魏の領域にあたる山東南部・安徽北部から発見されている（拙稿「三角縁神獣鏡と伝世鏡」『古代を考える　古墳』一九八九年）。なかでも山東省滕州《とうしゅう》市から出土した斜縁同向式二神二獣鏡（図31右）は、円座の四乳と鉤形に屈曲する区画の上下に霊獣、左右に天蓋《てんがい》をかざした西王母と東王公を配し、外区に鋸歯文と複線波文がめぐっている。これは三角縁神獣鏡と公認されている愛知県犬山市東之宮《ひがしのみや》古墳の鏡（図31左）と図像表現や構成が酷似し、同じ工房でつくられた可能性が高い。東之宮の鏡を三角縁神獣鏡と認めるなら、この滕州の鏡も三角縁神獣鏡といわなければならないが、とりあえずこの両面を斜縁神獣鏡に分類し、当面の問題を回避しておくのが無難であろう。しかし、三角縁神獣鏡と公認された鏡に酷似する鏡が中国にもあるという事実は重要である。しかも、滕州はいまの徐州市の北に位置し、漢代には銅や鉄の精錬が盛んで、わたしが徐州系統と呼んでいる小型の画像鏡や飛禽鏡など漢鏡7期の鏡が多く出土している。三角縁神獣鏡の銘文にうたう銅の産地、徐州の近傍からそれが出土している事実こそ、呉鏡とはちがう種類の神獣鏡が魏で製作されていたことを雄弁にものがたる。

特鋳説

三角縁神獣鏡が魏の鏡であったとしても、その確実な例が中国に一面もないのは、滕州の鏡のように中国の大地に未知の文物がいまなお数多く眠っているとはいえ、やはり重大な問題である。そこで提起されたのが、三角縁神獣鏡は倭に贈るために特別に鋳造したものである、という特鋳説である。

小林行雄氏は、三角縁神獣鏡が大型で規格性があること、図像文様を拡大するために分割の目印としてふつうの神獣鏡にはない乳を加えていること、同じ型でつくった同笵《どうはん》鏡が多数存在することは、短期間のうちに大量の鏡を模作する特別な事情があったからだと説明している（『倭人伝』と三角縁神獣鏡」『邪馬台国の謎を解く』一九八二年）。

中国王朝は、周辺民族を懐柔し、皇帝の徳がひろく蛮夷までおよんでいることを示すために、その民族の好みにあった珍品を下賜することがあった。魏が与えた金印紫綬は西域の「親魏大月氏王」と「親魏倭王」卑弥呼だけであり、東夷では韓の臣智たちが「邑君」や「邑長」の印綬にとどまっていることをみれば、魏がいかに倭を重視していたかがよくわかる。西嶋定生氏は、遼東の公孫氏と江南の呉とが軍事的に連携していたように、呉は海沿いにたえず策動をつづけており、呉の背後にあって一五万戸あまりの人口を有する倭国は魏にとって軍事的にも重要であったとみる（「親魏倭王冊封に至る東アジアの情勢」『古代史論叢』上巻、一九七八年）。また、卑弥呼の朝貢した年、魏の皇帝はわずか八歳で即位したばかりで、公孫氏を倒して倭の朝貢をみちびいた司馬懿は、この機会を利用して皇帝の最大の補佐役であることを演出する必要があった、と近藤喬一氏は推測している（『三角縁神獣鏡』一九八八年）。国内的にも、対外的にも、魏は倭を厚遇する必然性があった、というのである。

景初四年銘鏡の発見　三角縁神獣鏡の製作地にかんする議論が平行線をたどっていた一九八六年、論争を再燃させる新しい発見があった。京都府福知山市広峯一五号墳から「景初四年」という紀年銘をもつ鏡が発見され、その直後に、辰馬考古資料館にその同笵鏡が秘蔵されていることが明らかにされたのである。

この鏡は鈕の下に胴部のかくれた四頭の竜をあらわした盤竜《ばんりゅう》鏡で、直径一六・八チセン、周縁は斜縁となっている（図36の5）。ふつうの盤竜鏡は径が八〜一二チセンと小ぶりなのに、日本列島から出土する三角縁盤竜鏡は径二五チセン前後と大型であるから、この景初四年銘鏡はその中間的な大きさといえる。しかし、ふつうの盤竜鏡にはない乳を四ヵ所に配置し、四頭の竜からなることは、三角縁盤竜鏡との強い類似を示している。とりわけ、景初三年・正始元年銘三角縁神獣鏡と共通する「陳是作鏡」の銘文があり、その字形が類似することから、同じ陳氏の工房で製作された、三角縁神獣鏡の一種とみなすことができる。

この鏡で問題となったのは、「景初四年五月丙午之日」という紀年銘である。「五月丙午」は鋳金家にとっての吉日で、じっさいにその月日に鋳造したとはかぎらないとしても、『魏志』によれば、景初三年元旦に魏の明帝が死去したが、元旦の忌日を避けるため、その年の十二月に改元の詔を発し、景初四年正月になるべき月を景初三年後十二月と改めて翌月から正始元年正月と定めたから、景初四年という紀年は実在しないのである。三角縁神獣鏡を日本列島での製作と考える説は、洛陽で鏡をつくったのなら、改元の情報がすぐに伝わって実在しない紀年を用いるはずはなく、改元の知らせが届かないような僻遠の地、日本列島でこそこのまちがいが起こりえた、と主張する（王仲殊前掲書）。これにたいして魏鏡説は、卑弥呼の使いが朝貢した景初三年と詔書・印綬を携えて帰国する正始元年の二年間の年号しか三角縁神獣鏡にはないことを重視し、卑弥呼の朝貢を顕彰するため、景初三年のうちに景初四年銘鏡がつくられていた、と考える（田中琢「卑弥呼の鏡と景初四年鏡」『謎の鏡』一九八九年）。「銅鏡百枚」が下賜されたのは、奇しくも改元の詔と同じ景初三年十二月であったということが問題をきわめて複雑にしているのである。

青竜三年銘鏡の発見

一九九四年、京都府北部の弥栄町と峰山町にまたがる大田南五号墳から魏の青竜三年（二三五）の紀年銘をもつ方格規矩四神鏡（図32の1）が出土し、ついで一九九七年には大阪府高槻市安満宮山古墳から三角縁神獣鏡をふくむ四面の鏡とともにその同笵鏡が出土した。方格規矩四神鏡は漢鏡4期（前一世紀後葉）に出現し、漢鏡5期の一世紀代に盛行したが、青竜三年銘鏡はその流行がいったん終息したのち、二〇〇年ほどさかのぼる漢鏡5期の鏡を模倣してつくられた、先祖返りの復古鏡とみることができる。すなわち、青竜三年銘鏡はTLV形のL形が漢代のものとは反対向き（正L字形）で、四神の位置も左右反対になり、その図像表現に不自然なところがあること、漢代のものは鈕孔が方格の十二支銘の子（北）と午（南）の方向に開くのにたいして、青竜三年銘鏡では方格の対角線方向に鈕孔が開いていること、などのちがいがある。青竜三年銘鏡は漢鏡5期の方格規矩四神鏡を忠実に模倣しているが、その図像の意味や宇宙観までは十分に理解されなかったのであろう。また、方格やTLV形の線がゆがみ、鋳造後の削りあとも不自然である。日本では京都府椿井大塚山古墳（図32の2）や島根県安来市造山一号墳（図32の3）に類例があり、いずれも漢代の方格規矩四神鏡とは系統を

図32　魏の方格規矩鏡

1　京都府大田南5号墳（『京都考古』76号，1994年），2　京都府椿井大塚山古墳，3　島根県造山1号墳（梅原末治氏拓），4　遼寧省三道壕1号墓（『文物参考資料』1955年12期），5　河北省易県燕下都（河北省文物研究所編『歴代銅鏡紋飾』1996年）

別にするものであろう。

青竜三年銘鏡の発見以前より、福永伸哉氏はこの特異な方格規矩四神鏡に着目し、中国における類例から、この一群の鏡は三世紀の魏鏡と推測していた（「三角縁神獣鏡の系譜と性格」『考古学研究』三八巻一号、一九九一年）。青竜三年銘鏡はまさに福永氏の炯眼《けいがん》を裏づけるとともに、この特異な鏡群に製作地と年代の定点を与えたのである。なかでも鈕孔を長方形につくることや外区文様の外周に突線を加えるという、図像文様の本質にはかかわらない細かな手法は、漢鏡や三世紀の呉鏡にはほとんどみられないのにたいして、三角縁神獣鏡には普遍的に確認できることから、この一群の魏鏡と三角縁神獣鏡とは密接なつながりがあったことがわかる。また、これと三角縁神獣鏡には特殊な字句を用いた銘文が共通し、たとえば遼寧省遼陽市三道壕一号墓の方格規矩鳥文鏡（図32の4）の「吾作大鏡真是好、同（銅）出余（徐）州」銘は三角縁四神四獣鏡の「銅出徐州」銘と、島根県造山一号墳の方格規矩鳥文鏡（図32の3）の「吾作明竟甚大工、刑模周刻用青銅、保子宜孫」銘は滋賀県野洲町大岩山古墳の三角縁神獣車馬鏡の「鏡陳氏作甚大工、刑模周刻用青銅、君宜高官至海東、保子宜孫」銘と共通している。とりわけ、河北省易県出土の方格規矩鳥文鏡（図32の5）の「吾作明鏡甚独奇、保子宜孫富無訾」銘は静岡県磐田市松林山古墳の三角縁二神二獣鏡（図33）の銘文と完全に一致するだけでなく、不自然な「鏡」や「独奇」の字形、「人べん」のくせなど、銘文の筆跡が同一工人の手になるとしか考えられないほどよく似ている。したがって、この一群の方格規矩鏡を魏鏡と考える以上、同じ工人がつくった三角縁神獣鏡もまた魏鏡と考えざるをえないのである。

これに関連して、松林山古墳の鏡とほぼ同じ銘文をもつ仿製三角縁神獣鏡について補足しておこう（図34）。そこでは「甚独奇」とあるべきところを「奇」の字を書き落とし、文末にその字を補ったために語順が乱れ、筆致も稚拙であるが、一四字の銘文はそれぞれ

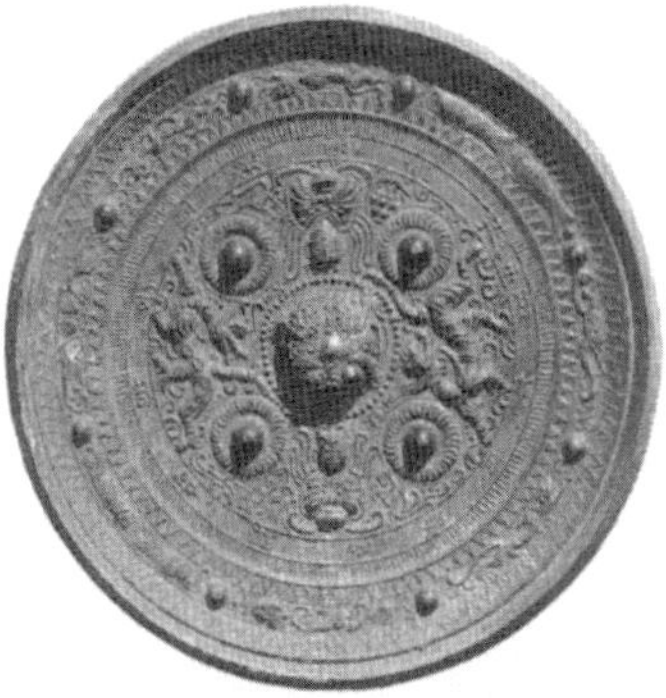

図33　吾作銘三角縁神獣鏡（静岡県松林山古墳，東京国立博物館蔵）

図34　銘文をもつ仿製三角縁神獣鏡（福岡県一貴山銚子塚古墳）

文字の体裁をなしている。しかも、松林山鏡は二神二獣鏡、この仿製鏡は三神三獣鏡で、文様表現もまったくちがっているうえ、「鏡」を「竟」とあらわし、「吾」や「孫」の字形もちがうので、松林山鏡の銘文をそのまま写しとったものでもない。これは漢字とその意味をあるていど知っている倭人が、松林山鏡の銘文を念頭にいれつつ、それを仿製鏡に試みにいれたものであろう。中国王朝との往来のなかで、漢字を読み書きできる倭人がいたことは想像に難くなく、中国の工人ほど自由に文字を使いこなすことは無理でも、このていどの銘文くらいなら書ける倭人がいたのである。

青竜三年銘鏡をはじめとする一群の鏡は、「銅出徐州」銘によって魏の徐州地域でつくられたものと考えられる。徐州とは、最古の地理書『尚書』禹貢《うこう》にあらわれる歴史的な地名で、漢・魏代ではいまの山東省南部から江蘇省北部にひろがる範囲を指している。すでに指摘したように、山東省南部の滕州には銅の精錬遺跡があり、徐州系統と呼んだ斜縁神獣鏡などが出土している。また、「青竜三年顔氏作竟」銘の顔氏は、孔子の高弟の顔回をはじめ、歴史に多くの名をのこしている山東南部の名族である。ただ、三角縁神獣鏡には「師出洛陽」の銘文もあり、その製作地を特定するにはなお検討の余地があるが、景初三年銘三角縁神獣鏡の鉛同位体比分析では青竜三年銘鏡とほぼ同じ値を示すことから、三角縁神獣鏡もまた同じ徐州産の原料を用いていたことはまちがいないであろう。

魏の鏡

青竜三年銘鏡の発見と福永伸哉氏の研究によって、特異な一群の方格規矩鏡が魏に存在し、長方形鈕孔などの魏鏡を判別する指標が明らかになった。小林行雄氏は、三角縁神獣鏡の同笵鏡目録の一番に兵庫県新宮町吉島古墳と京都市一本松塚古墳に同笵鏡のある尚方作銘獣帯鏡をあげている（「三角縁神獣鏡の研究」『古墳文化論考』一九七六年）。この鏡は無文の平縁で、鈕座に三頭の竜、内区に四神をふくむ六体の獣を浮き彫りであらわし、「尚方作竟大毋傷、巧工刻之成文章、白虎師（獅）子居中央、寿

図35　魏の尚方作銘獣帯鏡
1　京都府一本松塚古墳（森下章司氏拓）
2　大阪府万年山古墳（森下章司氏拓）
3　徐乃昌旧蔵（『小檀欒室鏡影』1930年）

如金石佳自好、上有山（仙）人不知老兮」の銘文がある（図35の1）。漢鏡5期の浮彫式獣帯鏡に似ているが、銘帯内側に鋸歯文帯があり、無文の平縁になる点が特異であり、主文の表現も漢代の獣帯鏡とはちがっている。この鏡を三角縁神獣鏡の一種にふくめるか否かはともかく、三角縁神獣鏡と同じ魏鏡であることは、長方形鈕孔や魏の方格規矩四神鏡に特徴的な玄武の表現によって確かめられる。また、大阪府枚方市万年山古墳（図35の2）や滋賀県野洲町大岩山古墳の獣帯鏡は、鈕座に五銖銭《ごしゅせん》文を配し、外区に獣文をほどこす点をのぞけば、この鏡と文様構成や銘文が一致する。このような獣帯鏡は、漢鏡5期の浮彫式獣帯鏡を模倣した復古鏡で、魏の同一工房において製作されたものと考えられる。

松山市朝日谷二号墳や前橋市天神山古墳などから出土した尚方作銘二禽二獣鏡（図35の3）も、長方形鈕孔をもつことから魏鏡の候補にあげられている（福永伸哉「魏の紀年鏡とその周辺」『弥生文化博物館研究報告』第三集、一九九四年）。鈕をはさんで顧首形の鳥と獣を一対ずつ対置させ、その周囲を渦文でうめている。銘帯の断面はかまぼこ形になり、前者には「尚方作鏡大無傷、巧工刻之成文章、和以銀錫青且明、長保二親楽未央兮」の銘文がある。竜と虎をあらわした獣文は、奈良県広陵町新山古墳などから出土している尚方作銘三角縁二神二獣鏡ときわめて類似し、断面かまぼこ形の銘帯をもつ点でも共通する（西田守夫「三角縁神獣鏡の形式系譜緒説」『東京国立博物館紀要』第六号、一九七〇年）から、魏における同じ「尚方」工房でこの二種の鏡がつくられた可能性は高い。また、鈕座の山岳文は、画像鏡に多く用いられているが、三角縁仏獣鏡にも類似の文様がある。

陳是作の紀年銘鏡

大阪府和泉市黄金塚古墳から出土した景初三年（二三九）銘鏡（径二三・〇センチ）は漢鏡7期の画文帯同向式神獣鏡を忠実に模倣したもので、これを画文帯神獣鏡の典型と誤認する人も多い。しかし、子細にみると、図像の表現がずいぶん稚拙で、内区の四ヵ所に三角縁神獣鏡に通有の乳を加えている点が、本来の画文帯神獣鏡とちがっている。内区の外周に半円方形帯がまわり、その方格に「景初三年、陳是（氏）作詺（鏡）、詺之、保子宜孫」の一四字の銘文をいれている（図36の1）。

島根県加茂町神原神社古墳の景初三年銘鏡（径二三・〇センチ）は、これを三角縁神獣鏡に改造したものである。内区の図像はほぼ黄金塚鏡を踏襲しているが、半円方形帯を銘帯に変えて「景初三年、陳是作鏡、自有経述」ではじまる四一字の長文をいれ、周縁の平縁を三角縁に、外区の画文帯を鋸歯文帯に改作している（図36の3）。また、兵庫県豊岡市森尾古墳や群馬県高崎市蟹沢古墳などに同笵鏡のある正始元年（二四〇）銘三角縁同向式神獣鏡（図36の4）は、これと図像や銘文がきわめて類似し、同じ陳氏の工房でつくられた鏡であろう。

大阪府高槻市安満宮山古墳から出土した同向式神獣鏡（図36の2）は、直径が一七・六センチと小ぶりだが、景初三年銘鏡や正始元年銘鏡と同じ内区の図像があり、方格に「陳是作鏡、君宜高官、保子宜孫、万年」の一四字の銘文をいれた、同一工房の作品である。興味深いことに、この安満宮山鏡は、半円方形帯をめぐらし、平縁となる点は黄金塚鏡と共通するいっぽう、外区が三角縁神獣鏡に通有の鋸歯文帯となる点は神原神社鏡と共通するため、両者の中間に位置する型式と考えられる。つまり、この三面の鏡を順にならべてみると、鏡工人の陳氏が画文帯同向式神獣鏡を忠実に模倣した黄金塚鏡を最初につくり、つぎに外区の画文帯を鋸歯文帯に改変した安満宮山鏡、そして半円方形帯を銘帯に、周縁の平縁を三角縁に改造した神原神社鏡へと、景初三年のなかで試行錯誤しながら三角縁神獣鏡を創作していった過程を跡づけることができる。

また、京都府広峯一五号墳から出土した同じ「陳是作」の景初四年銘鏡（図36の5）は、漢鏡5期の盤竜鏡を模倣し、内区に分割の目印として乳を四ヵ所に加えた斜縁盤竜鏡（径一六・八センチ）である。その後、これを大型に改作して三角縁盤竜鏡（図36の6）がつくられているから、景初四年銘鏡も三角縁神獣鏡の創出段階における試作品のひとつとみること

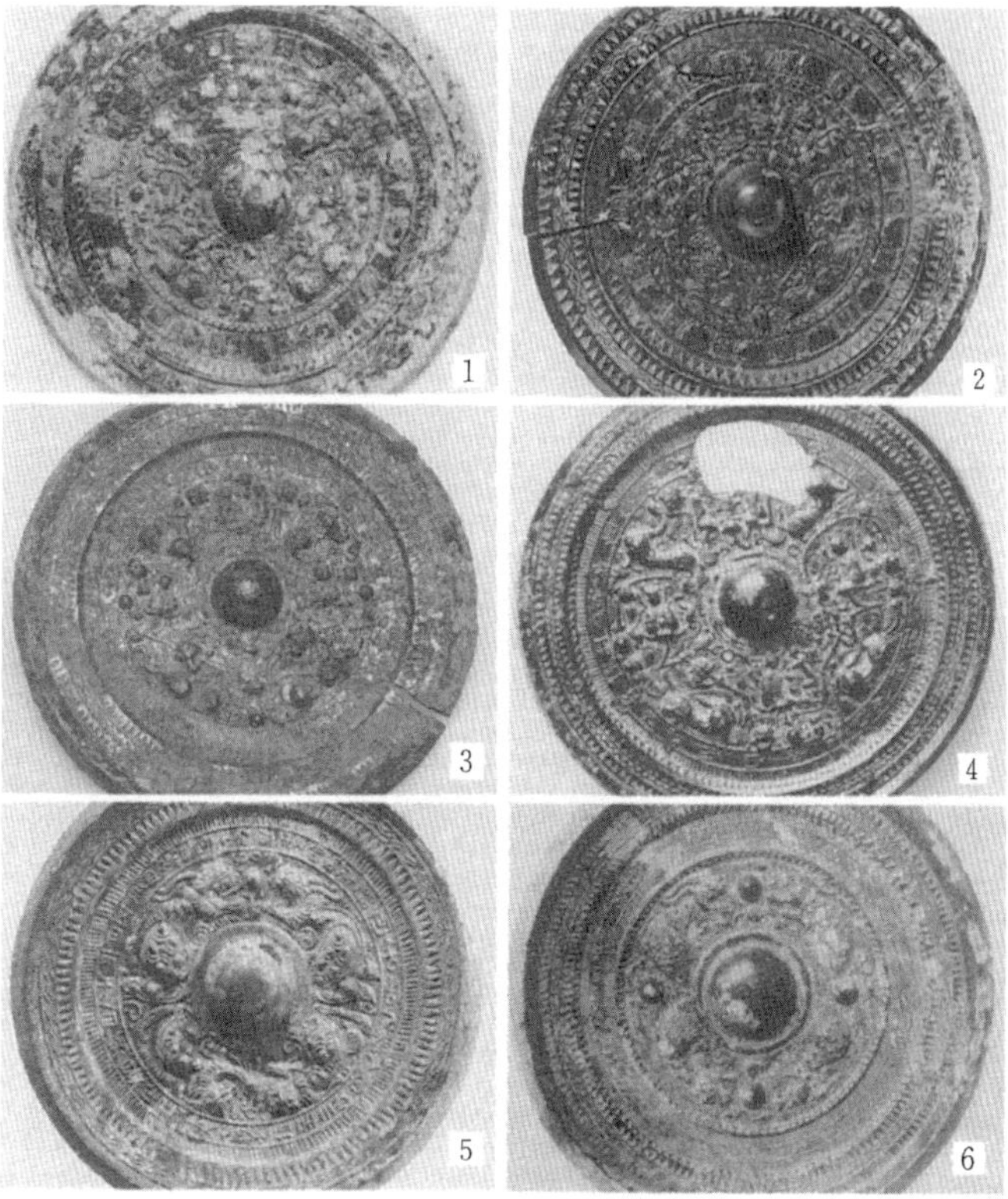

図36　創作期の三角縁神獣鏡

1　大阪府黄金塚古墳，2　大阪府安満宮山古墳（国〔文化庁〕保管，高槻市教育委員会蔵），3　島根県神原神社古墳（島根県立八雲立つ風土記の丘資料館蔵），4　群馬県蟹沢古墳，5　京都府広峯15号墳（福知山市教育委員会蔵），6　京都府椿井大塚山古墳ができる。

魏の青竜三年銘鏡や尚方作銘獣帯鏡は、漢鏡を模倣した先祖返りの鏡であった。同じように「陳是作」の紀年鏡もまた、盤竜鏡や画文帯神獣鏡を模倣してつくられた鏡であり、どうやら漢鏡の模倣が魏の鏡づくりの基調であったらしい。ただし、陳氏の工房では、たんなる模倣にとどまらず、そこから新しい鏡をつくりだす試みがおこなわれた。景初三年から正始元年にかけての二年間は、まさにこうした試行錯誤と創作の段階であり、結果として創出されたのが三角縁神獣鏡であったといえるだろう。

三角縁神獣鏡の製作

模倣を基調とする魏の作鏡姿勢のなかで、おもに画文帯神獣鏡と画像鏡をモデルにつくられたのが三角縁神獣鏡である。そのモデルになった画文帯神獣鏡は、同向式神獣鏡（図37の1・2）のほかにも、環状乳神獣鏡（図37の3）・対置式神獣鏡（図37の4）などがある。それらは基本的に、画文帯神獣鏡の内区図像をそのまま模倣するいっぽう、内区に乳を加え、半円方形帯を銘帯に、外区の画文帯を鋸歯文帯に、周縁の平縁を三角縁に改造したものが多く、モデルに忠実なものほど初期の作品とみることができる。

本来の画文帯神獣鏡には、東王公・西王母・伯牙などの神仙と天を守護する竜虎などの霊獣それぞれに役割分担があり、宇宙観にしたがった配置のきまりがあった。ところが三角縁神獣鏡では、ほとんど最初の段階から、琴を弾いて宇宙の調和をはかる伯牙の像が脱落し、東王公や西王母の配置もくずれて、もともと四神四獣が原則なのに、神仙と霊獣を置きかえた三神五獣や五神四獣・六神四獣・六神三獣など、変則的な鏡がつぎつぎとつくられ、最終的には二〇種以上の変種が生まれることになった。神と獣の数や配置をかえるだけでなく、神獣の間にいれた笠松形文様の位置、獣の向き、銘文の方向をかえることによって、短期間のうちにさまざまな三角縁神獣鏡がつくられたと森下章司氏は指摘してい

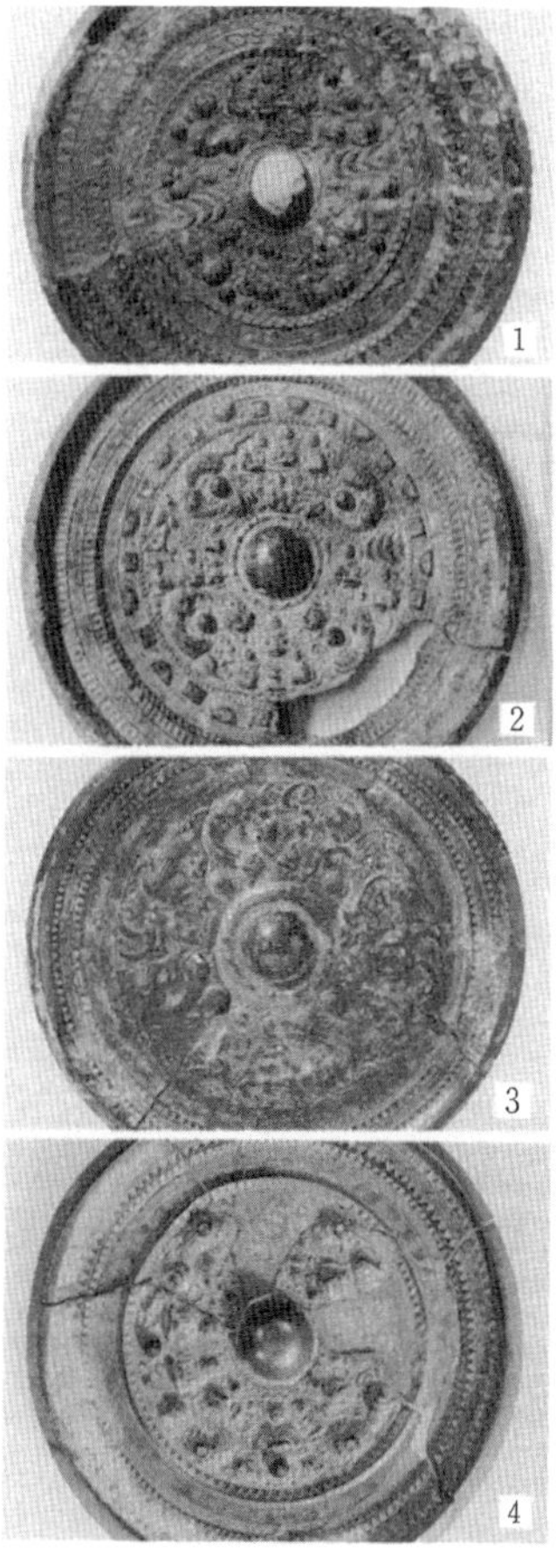

図37　画文帯神獣鏡を模倣した三角縁神獣鏡

1　京都府椿井大塚山古墳，2　山口県宮ノ洲古墳，3　大阪府安満宮山古墳(国〔文化庁〕保管，高槻市教育委員会蔵)，4　奈良県佐味田宝塚古墳(東京国立博物館蔵)

る（「文様構成・配置からみた三角縁神獣鏡」『椿井大塚山古墳と三角縁神獣鏡』京都大学文学部博物館、一九八九年）。もちろん倭鏡とはちがって、図像や文字を熟知した中国人の作品だけに、神仙や霊獣の図像のひとつひとつはよく描かれているけれども、一面の鏡全体をみれば、本来の宇宙観や思想がまったく読みとれないほど改変されているのである。それは青竜三年銘鏡にはじまる模倣を基調とした魏鏡の、ある意味では当然の帰結だったのかもしれない。森下氏のいうように、この文様の組みかえは大量生産を目的としたものであり、この段階に三角縁神獣鏡はいよいよ量産体制にはいる。

宇宙の原則論にこだわる必要のなくなった三角縁神獣鏡の工人は、新しい試みを模索するようになった。ひとつは、漢鏡をそのまま模倣するのではなく、文様や銘文の一部だけを三角縁神獣鏡のなかにとりこむことである。たとえば、漢鏡の外区文様であった画文帯・獣文帯・唐草文帯・波文帯を、三角縁神獣鏡では内区外周に挿入した。また、画像鏡にみられた馬車・香炉・旄《ぼう》（節）をとりいれ、なかでも神仙の所持する旄は笠松形文様として三角縁神獣鏡の代表的な文様になった（西田守夫「三角縁神獣鏡の形式系譜緒説」『東京国立博物館紀要』第六号、一九七〇年）。もうひとつは、仏像や蓮華文、ラクダ、ゾウ、サソリ、乳の捩文座《ねじりもんざ》など新しい図像文様の採用である。中国に仏教の図像があらわれるのは二世紀後半になってからであり、最初は徐州の周辺で在来の神仙道の一種としてそれが受容されている。三角縁神獣鏡の仏像は、まだ仏教が流行のきざしをみせはじめたころのもので、そこに工人のほのかな進取性を読みとることもできよう。

三角縁神獣鏡は、王仲殊氏らの想定するような呉の本場で修業した工人の作品というには、いかにもお粗末である。むしろそれは、模倣を基調とする魏の作鏡姿勢のなかで、新しい鏡を大量に生産する必要にせまられて生みだされたものであろう。そこには神獣鏡本来の宇宙観が読みとれないほど図像配置が改変されているが、個々の図像には魏の工人の創意があらわれ、図像の意味を理解していない倭鏡のように堕落することはなかったのである。あえて評価するなら、彼らは思想のない芸術家だったといえようか。

景初三年の銅鏡百枚

景初三年六月、卑弥呼の使いが魏の帯方郡に到着し、朝見を願いでたため、帯方郡では役人を同道させて都の洛陽にいたる。魏の朝廷では、倭の処遇をめぐって議論され、魏の内外をめぐる不安定な情勢にかんがみ、卑弥呼を「親魏倭王」に冊封して緊密な関係を保っていくことに決定した。そして、卑弥呼に与える印綬・銅鏡・絹織物など、さまざまな引き出物が急ぎ調製されることになった。倭人の好む銅鏡の鋳造では、洛陽のほか、徐州の工人も動員され、漢鏡をモデルに新しい鏡をつくる試みがはじまった。中核となる陳氏の工房では、画文帯神獣鏡の模倣にはじまり、試行錯誤のうえ三角縁神獣鏡が創作され、「景初三年」銘がいれられた。ややおくれて盤竜鏡を模倣した「景初四年」銘鏡も試作された。それは卑弥呼が朝貢し、はれて「親魏倭王」に封ぜられる記念すべき年である。発注をうけてわずか数ヵ月しかなかったが、十二月の式典までには、なんとか一〇〇面の鏡が完成した。これが『魏志』倭人伝にみえる「銅鏡百枚」である。同じ月に改元の詔が下され、翌年から正始と改められた。このころには鏡づくりもようやく軌道にのり、三角縁神獣鏡として大きさや文様構成などの仕様も整い、いよいよ量産体制にはいる。神仙と霊獣の図像を組みかえ、四神四獣の原則を脱して、さまざまな三角縁神獣鏡がつくられていった。同じ型をつかって多数の鏡をつくる方法も定着した。こうして特別に鋳造された三角縁神獣鏡は、まとまって倭にむけて輸出されたのである。

景初三年の詔書を読むと、卑弥呼にたいする魏帝の下賜品は、大きく二種類に性格分けされていたことに注意される。ひとつは「汝《なんじ》が献ずるところの貢直に答う」絳地《こうち》交竜錦ほかの織物類、もうひとつが「特に汝に賜う」織物類・金・五尺刀・銅鏡・真珠・鉛丹である。この文脈からみると、ふつうの朝貢には前者にあがっているような中国特産の織物類が返礼品として与えられたのにたいして、後者は政治的な付加価値をもって特別に贈られたものであったと考えられる。つまり、通常の返礼品以外に加えられた特別な贈り物こそ「親魏倭王」の冊封を別の形で象徴し、魏の威信にかけて「丁重に汝に好物を賜う」価値をもつものであった。「銅鏡百枚」にはふつうの答礼品にはない政治的な意味がこめられていたことにもっと注意をはらうべきだろう。

ところが、王仲殊氏は「銅鏡百枚」は魏に流通していた鏡のよせあつめで、青竜三年銘鏡もそれにふくまれると主張する（「論日本出土的青龍三年銘方格規矩四神鏡」『考古』一九九四年第九期）。魏鏡説の立場でも、「銅鏡百枚」には三角縁神獣鏡以外の多様な鏡がふくまれていたとみる意見がある。しかし、青竜三年銘鏡は卑弥呼の朝貢した景初三年にさきだつ四年前のもの、「親魏倭王」に封じて特別に下賜した鏡がこうした既製品のよせあつめとは考えがたいことである。しかも、三角縁神獣鏡に「銅鏡百枚」を下賜した景初三年の紀年をもつものがあり、ちょうどその年に魏で試行錯誤のうえ三角縁神獣鏡が創作されていることからみれば、「銅鏡百枚」はこの新たにつくりだされた一群の三角縁神獣鏡をおいてほかには考えられないであろう。特別に調製された鏡にこそ「丁重に汝に好物を賜う」意味があったにちがいない。

また、三角縁神獣鏡の出土は四〇〇面近くに達している。『魏志』倭人伝に「銅鏡百枚」とあるのに、あまりにも多すぎるではないか、という疑問があるかもしれない。しかし、その製作状況から明らかなように、景初三年の「銅鏡百枚」はわずか数ヵ月で試作された、三角縁神獣鏡の最初の段階のものである。三角縁神獣鏡としての仕様が整って量産体制にはいってからは、一〇〇〇面をこえる鏡がつくられたとしても不思議ではない。紀元前一世紀中ごろ、倭人がはじめて漢王朝と通交した漢鏡3期の鏡が北部九州だけで一〇〇面近く出土し、漢鏡の総計はすでに七〇〇面近くにおよんでいるが、鏡にかんする史書の記録はまったくない。三世紀、卑弥呼は「親魏倭王」に冊封され、魏と倭との緊密な交流が景初三年・正始元年以後も正始四年・六年・八年とつづいたことが記録されている。卑弥呼がもらった鏡は最初の「百枚」だけだった、というのは歴史的にも考えがたいことであり、その後の交流のなかで大量生産された三角縁神獣鏡が陸続ともたらされたにちがいない。

三角縁神獣鏡＝魏鏡説の不備をついた王仲殊氏らの批判は、たしかに真摯にうけとめざるをえなかった。その挑戦への応答をしいられ、景初四年銘鏡や青竜三年銘鏡の発見とそれをめぐる議論のなかで、三角縁神獣鏡をふくむ魏鏡とはどんなものかが少しずつ明らかになってきたし、卑弥呼がはじめて魏に朝貢した景初三年前後の東アジア情勢のなかで、その特殊な製作状況が理解できるようになってきた。最終的な決着はともかく、この点は大きな進歩だったといえるだろう。

卑弥呼から台与へ

正始八年（二四七）、倭の女王卑弥呼は魏の帯方郡に使いを送り、かねてより敵対していた狗奴国と戦争状態にはいったことを告げた。魏ではさっそく郡の張政らを倭に派遣して詔書や黄幢（黄色い軍旗）をもたらし、倭の大夫難升米にそれを授けて、檄《げき》をとばす。この緊張のなかで卑弥呼が死ぬ。男王が後を継いだが、国中が服さず内乱が発生したため、卑弥呼の宗女であった十三歳の台与《とよ》を王に立て、帯方郡の張政らが檄をとばしてこれを支援し、ようやく平定した。これをうけて台与は魏の支援に感謝して張政らの帰還を送るとともに洛陽まで使いを派遣し、生口三〇人をふくむ貢献をしている。『魏志』倭人伝の記録は、ここで終わる。その後、二六五年に魏にかわって西晋がたち、『晋書』武帝紀は翌二六六年に「十一月己卯、倭人来たりて方物を献ず」という簡単な倭人の入貢を記録しているが、以後の記録はそこにはない。

魏は二六三年に蜀を滅ぼし、魏をついだ西晋は二八〇年に呉を滅ぼして中国の再統一が完成する。不安定な朝鮮半島の情勢も、西晋代にはほぼ鎮静化した。『晋書』によると、この時期、東夷諸国がたびたび西晋に来朝し、朝鮮半島の馬韓のばあいは二七七年から二九〇年まで毎年のように朝貢が記録されている。これにたいして、倭にかんする記事は二六六年の一回きりである。これは倭人伝の記録が失われているというより、楽浪・帯方郡の周辺が安定にむかうとともに、海をこえて想定されていた安保体制の範囲が朝鮮半島まで後退し、倭にたいする関心がしだいに遠のいていったからではなかろうか。かりに倭がたびたび朝貢していたとしても、西晋王朝をとりまく情勢を考えると、魏王朝のように倭を外臣に冊封し、通常の朝貢にたいする返礼品に加えて「丁重に汝に好物を賜う」必然性はもはやなくなっていたはずだ。

倭にむけた三角縁神獣鏡の製作が、西晋王朝の衰退する四世紀初頭まで半世紀あまりつづいたとみる説がある（福永伸哉「三角縁神獣鏡の歴史的意義」『倭人と鏡　その2』第三六回埋蔵文化財研究集会、一九九四年）。東夷諸国が西晋にひんぱんに朝貢していることがその根拠のひとつであるが、いまみたような東アジア情勢の変化からすると、その製作が三世紀後半までつづいたと考えることはむずかしい。来朝のあてもない倭人のために、西晋が鏡を特鋳し、「丁重に汝に好物を賜う」必然性はなかったからである。そのうえ、模倣と図像の組みかえによる三角縁神獣鏡の特殊な量産体制と倭にむけた限定的な流通状況からすれば、それはごく短期間の臨時体制であったにちがいない。その下限を厳密に決めることはできないが、二六六年の西晋への朝貢がひとつの目安であり、おそらくこれより下ることはないだろう。西晋の泰始六年（二七〇）・七年・九年の紀年をもつ神獣鏡が三角縁神獣鏡と大いにちがっていることからみても、そのことが裏づけられる。

三角縁神獣鏡の分配

前方後円墳の成立

邪馬台国を中核とする倭政権が誕生し、やがて新たな墓制として前方後円墳が成立する。三角縁神獣鏡は、この前方後円墳とほぼ同時に出現し、弥生時代と古墳時代とを区分する指標のひとつとされる。古墳時代における三角縁神獣鏡の意義を検討する前に、まず古墳のなりたちについて簡単にみておこう。

階層分化の進行とともに共同墓地から首長墓が独立し、二世紀には瀬戸内・山陰に大型墳丘墓が出現する。たとえば、岡山県倉敷市楯築《たてつき》墓は径四〇メートルあまりの円丘の二方向に突出部がつき、島根県出雲市西谷三号墓は長辺四〇メートルほどの方丘の四隅が突出し、それぞれ墳丘の斜面には列石や貼り石をほどこしている。その墳丘上には埴輪の起源となる壺形や器台形の祭祀土器をならべ、木棺を木槨《もっかく》で囲む埋葬施設をもち、大量の朱、鉄短剣と玉類を副葬した。漢鏡7期の鏡が流入する二世紀末には、円丘や方丘の一方に突出部のついた前方後円（方）形の墳丘墓が九州から関東までの各地に出現する。墳丘墓の埋葬施設には、木棺を納めた土坑のほか、瀬戸内では小さな竪穴状の石室をもつものがあり、前章にみたように、鉄短剣や玉類に加えて、伝世の漢鏡や弥生小型仿製《ぼうせい》鏡一面だけを副葬したものがあらわれる。墳丘の形態や副葬品の内容など、ひろい範囲に共通性があらわれ、ゆるやかな祭式の統合が進行していたのである。それは卑弥呼の共立によって倭政権が誕生した時期に相当する。

鏡の伝世の中絶について小林行雄氏は、首長の地位が世襲的に安定し、倭政権がその地位を保証することによって、首長を権威づけていた伝世鏡の宗教的意義がうすれ、首長の死とともに古墳に埋葬されたと考えた（『古墳時代の研究』一九六一年）。この伝世鏡論は、古墳の発生を「世襲的首長の地位の恒常性の外的承認」によって説明したものであるが、古墳の出現にさきだつ墳丘墓に伝世鏡を破砕のうえ副葬したり、集落内に伝世の破鏡を廃棄した例が発見されるようになったこんにち、多少の修正が必要である。しかし、それが銅鐸など伝統的な青銅祭器の終焉とほぼ重なり、卑弥呼を戴く倭政権の成立期にあたることは、小林氏の想定したような新しい政治体制の確立が背景にあったものと考えてよい。鏡の破砕副葬や廃棄という行為には、そこに内包された古い因襲を打破し、新しい時代を告げる呪術的な意味があったのであろう。ただし、すべての鏡がこの段階に伝世を中絶したわけではなく、その後も宝器として伝世をつづけた鏡も少なくなかった。

前方後円（方）墳は墳丘墓が定型化することによって成立した。その特徴の第一は、巨大な墳丘の出現である。最古の前方後円墳とされる奈良県桜井市箸墓《はしはか》古墳は全長二七八メートルの規模をもち、墳丘上には吉備に起源をもつ祭祀用の土器がある。第二に、長さが五メートルをこえる割竹形木棺とそれをおおう割石積みの竪穴式石室の出現である。第三に、三角縁神獣鏡をふくむ多数の中国鏡の副葬である。京都府山城町椿井《つばい》大塚山《おおつかやま》古墳は、全長一六九メートルの前方後円墳で、長さ六・九メートルの長大な竪穴式石室に、三角縁神獣鏡など三六面以上の中国鏡と多数の鉄武器・農工具類を副葬していた。この三つの特徴は、三世紀はじめの墳丘墓からの量的な飛躍として理解できる。

都出比呂志氏は、墳丘の三段築成と埋葬の北頭位が中国思想から新たに導入され、前方後円墳を頂点とする古墳の祭式が地域をこえる統一的な規格となったこと、古墳の形式と規模によって畿内の倭政権が九州から東北にいたる各地の首長の政治的身分を表示し、彼らを序列づけたことを指摘している（「前方後円墳の誕生」『古代を考える　古墳』一九八九年）。つまり前方後円墳は、畿内の王権によって秩序づけられた倭の政治体制を象徴するものとして成立したのであった。

同笵鏡論

三角縁神獣鏡のなかには、同じ型を用いて鋳造した同笵《どうはん》（型）鏡が多数ある。一九二〇年代より注意されていたこの同笵鏡について、小林行雄氏はまず前期古墳の年代を決める手がかりとして着目した（「同笵鏡による古墳の年代の研究」『考古学雑誌』三八巻三号、一九五二年）。すなわち、ほぼ同時につくられ、組をなしてもたらされた同笵鏡のうち、二面が同一の古墳に副葬されることがあり、また二基の古墳が二種類以上の同笵鏡を共有することもあるから、その製作から各地の首長におよぶまでの時間はかなり短いものであった。各地の首長が同笵鏡を伝世することもあったが、同笵鏡を副葬する前期古墳の下限を四世紀末とするなら、同笵鏡を共有する古墳の年代差を考慮しても、古墳の上限は三世紀末よりさかのぼらない、と結論づけた。

この直後に椿井大塚山古墳から三二面以上の三角縁神獣鏡がまとまって出土し、同笵鏡の数が飛躍的に増加した。椿井大塚山は仿製鏡や碧玉製腕飾類をふくまない初期の前方後円墳であり、その三角縁神獣鏡はすべて中国製である。この発見をうけて小林行雄氏は、椿井大塚山を中心に同笵鏡の分有関係が成立していることを明らかにし、椿井大塚山の首長が各地の首長にたいして同笵鏡を分配したものと推論した。椿井大塚山の首長の背後には、より強力な大和の権力者、すなわち政権の中枢にある倭王の存在が想定されるが、椿井大塚山古墳が位置するのは、木津川・淀川の水路をつうじて大和を瀬戸内海と結びつける航路の起点にあたり、その首長は、倭王の委嘱をうけて、各地の首長にたいして三角縁神獣鏡を配布する任務を帯びていたと考えられたのである。同笵鏡論でさらに重要なことはつぎの二点である（『古墳時代の研究』一九六一年）。

第一に、地方における最古の古墳は、いずれも椿井大塚山と三角縁神獣鏡の同笵鏡を分有する関係にある。このことは、地方における弥生墳丘墓が在地的に発展することによって古墳が発生したのではなく、同笵鏡の分配に示される倭政権との政治的関係が成り立つことによって各地に古墳が出現したこと、換言すれば、古墳を築造する思想とその祭式が同笵鏡とともに倭政権によって各地に分配されたことを示唆している。これは伝世鏡論とともに古墳の発生を「世襲的首長の地位の恒常性の外的承認」によって説明する小林理論の骨格をなすものである。それはまた、世襲によらない卑弥呼や台与の段階を古墳以前に位置づけ、古墳時代のはじまりを三世紀末に下げる根拠ともなった。

第二に、同笵鏡は数回に分けて配布され、そのひろがりは畿内を中心とする倭政権の段階的な伸長をものがたっている。すなわち、椿井大塚山と同笵鏡を共有する古墳のうち、福岡から京都までの西群は仿製鏡や碧玉製腕飾類をふくまない古い文化相を示すのにたいして、大阪から群馬までの東群はそれをふくむ新しい文化相を示している。分布と年代にあらわれたこの二相は三角縁神獣鏡の型式とも相関し、西方型の鏡は乳の間に神獣像を一体ずついれる単像式神獣鏡や波文帯盤竜《ばんりゅう》鏡からなり、東方型の鏡は神仙や霊獣がそれぞれ二体ずつ並列する複像式神獣鏡や「陳氏」などの作鏡者銘をもつ型式からなっている。また、西方型の分布を示す鏡のなかで、吾作銘複像式神獣鏡はおもに畿内に集中することから中央型として区分され、波文帯三神三獣鏡（単像式）は椿井大塚山以後に仿製鏡や碧玉製腕飾類とともに配布された新しい型式と考えられたのである。このように小林氏は、同笵鏡の型式ごとの分布とそれを副葬する古墳の年代をもとに、中央型、西方型、東方型、波文帯三神三獣鏡という順序で配布され、椿井大塚山の首長は波文帯三神三獣鏡をのぞく鏡群の配布に関与したものと考えたのである。

分類研究の深化

一九五〇年代に提出された一連の同笵鏡論は、古墳時代の政治史的研究をめざしたものであった。しかし、その後の小林氏は三角縁神獣鏡の分類に研究の比重を移していった。単像式・複像式と大別していた配置法を、その原理にさかのぼって分析し、文様帯・鈕座《ちゅうざ》・乳座《にゅうざ》との相関を確かめることによって、それを二五型式に分類した（「三角縁神獣鏡の研究」『京都大学文学部紀要』第一三、一九七一年）。そして、新しい型式に位置づけていた波文帯三神三獣鏡については、傘松形文様にかわる博山炉の出現、文様帯の内側にある界圏鋸歯《きょし》文の省略などの特徴をもとに、その妥当性を補強した（「三角縁波文帯神獣鏡の研究」『辰馬考古資料館考古学研究紀要』一、一九七九年）。

小林氏の分類は細微にすぎて隘路《あいろ》にたちいった感すらあったが、一九八〇年代末にいたって椿井大塚山古墳の三角縁神獣鏡が正式に公開されたことがきっかけとなり、その編年をめざした新しい研究がはじまる。まず岸本直文氏は、神仙と霊獣の図像表現に着目してそれを十数種に分け、小林氏による配置分類との相関をみることによって、四神四獣鏡群・二神二獣鏡群・陳氏作鏡群の三派に大別した。そして鏡群相互の関係を整理しながら、表現の退化や配置の変化をもとに流派ごとの時間系列を組み立て、波文帯鏡群はおもに陳氏作鏡群から派生した新しい鏡群と位置づけた（「三角縁神獣鏡製作の工人群」『史林』七二巻五号、一九八九年）。いっぽう新納泉氏は、外区とその断面形・傘松形文様などの変化に着目し、文様帯や乳との相関をみることによって中国製の三角縁神獣鏡を四段階に区分した（「権現山鏡群の型式学的位置」『権現山五一号墳』一九九一年）。これをうけて岸本氏は、表現をもとにした鏡群三派の系列を再検討し、新たにそれを五段階に区分する案を提示している（「三角縁神獣鏡の編年と前期古墳の新古」『展望考古学』考古学研究会四十周年記念論集、一九九五年）。このような新しい研究によって、三角縁神獣鏡はおおむね四ないし五段階に区分されるようになった。

編年の課題

三角縁神獣鏡のさまざまな要素のなかで、外区とその断面形、傘松形文様、図像配置、図像表現、文様帯、乳の文様などが段階区分の指標とされている。しかし、どの要素を基準とするかによって、編年の細部に異論が生じている。たとえば、乳を基準に捩文座《ねじりもんざ》をすべて第四段階に下げる意見があるいっぽう、岸本氏は第二段階の二神二獣鏡群に捩文座が出現したと考えて、それを編年の基準とすることに反対している。また、新納氏らは外区の扁平化にともなう外区斜面の鋸歯文の省略を第四段階とするが、最古段階の景初三年陳是作同向式神獣鏡において外区斜面の鋸歯文がないことはそれと矛盾する。同じように陳氏作神獣車馬鏡についても、捩文座をもち、外区が扁平で斜面に鋸歯文がないために第四段階に下げられているが、漢代の画像鏡に近い図像構成からみれば、古い段階に位置づけることも可能であろう。このような陳氏作鏡のばあい、画像鏡の三角縁と外区文様をそのまま模倣したものとは考えられないのだろうか。

景初三年と正始元年の陳是作同向式神獣鏡をくらべると、先行する景初三年銘鏡のほうに図像の部分的な省略と外区の扁平化がみられる。同一工房における一年ちがいの作品でも大きな変異があり、逆転現象すら生まれている。つまり、要素の変異がすべて時間差を示すわけではなく、短期間のうちにさまざまな漢鏡を模倣して大量生産した三角縁神獣鏡の特殊な製作状況では、むしろ製作工人の流派やモデルとした漢鏡のちがいなどに由来する変異が多かったことがわかる。岸本氏の新しい編年では、おもに外区と傘松形文様を基準としたため、表現②が第一段階から第三段階まで、表現④が第二段階から第五段階まで、表現⑤が第二段階から第四段階までというように、ひとつの表現型式が三、四段階にまたがることになってしまった。一筋縄ではいかない編年のむずかしさがそこにある。

三角縁神獣鏡のなかで新段階の波文帯三神三獣鏡は、奈良県河合町佐味田《さみだ》宝塚《たからづか》古墳や奈良県広陵町新山古墳など四世紀後半に下る新しい前期古墳から出土することを小林行雄氏は指摘した。それは近年の編年によっても追認され、三角縁神獣鏡が前期古墳の編年に寄与しうることが示された。ところが、波文帯三神三獣鏡に先行する諸段階はそのまま古墳の編年に対応するわけではない。京都府椿井大塚山古墳や岡山市湯迫《ゆば》車塚《くるまづか》古墳など最

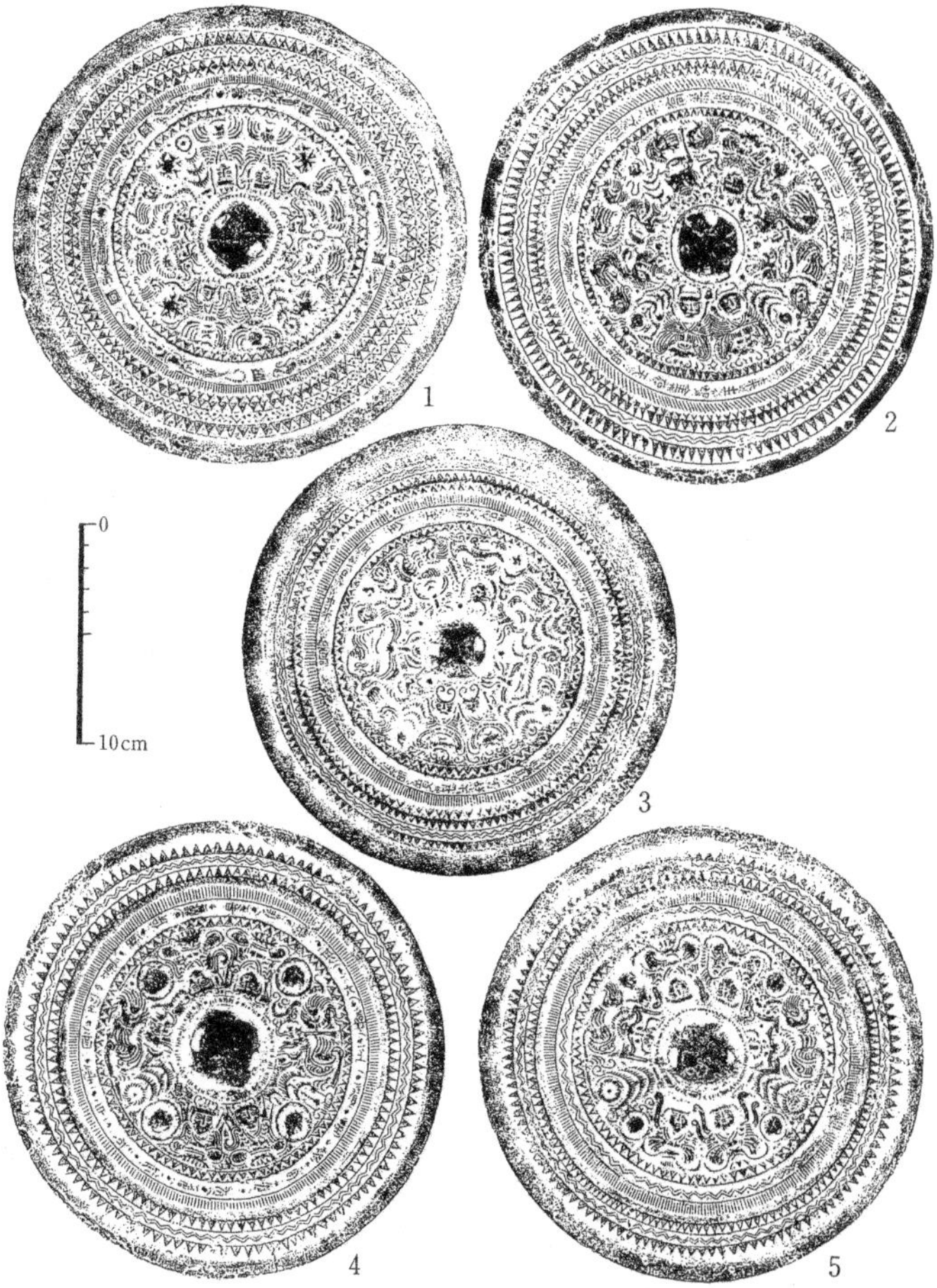

図38　古い段階の三角縁神獣鏡（兵庫県権現山51号墳，『権現山51号墳』1991年）

図39　京都府椿井大塚山古墳出土の捩文座乳獣文帯三神三獣鏡

古段階の古墳には、すでに第四段階までふくまれているからである。ただし、近年発掘された奈良県天理市黒塚《くろづか》古墳や神戸市西求女塚《にしもとめづか》古墳、兵庫県御津町権現山五一号墳などは第三段階までの鏡で構成されているので、将来、石室構造やほかの副葬品の編年がすすめば、第四段階の有無によって最古とされる古墳を二分することができるかもしれない。

三角縁神獣鏡の編年を試みた新しい研究によって、その製作動向が明らかになり、細部に異論があるものの、四ないし五段階に編年できる見通しが立てられた。これは評価すべき大きな成果である。漢鏡の模倣にはじまり、配置がしだいにくずれて三神三獣鏡に収斂《しゅうれん》していく変化は、まずまちがいないだろう。また、最古の古墳は、波文帯三神三獣鏡が流入する以前、つまり三世紀後半の早い段階に位置づけられるから、古墳のはじまりは必然的に「卑弥呼以て死す。大いに冢《ちょう》を作る。径百余歩」の二四八年ごろに接近するようになった。これは弥生時代の新しい年代観とも矛盾しない。

ところが、三角縁神獣鏡には編年の指標とされる諸要素に整合性をもった相関が認められず、分類の基準によってちがった結果になること、最古の古墳に第三ないし第四段階までがふくまれていることはなぜだろうか。その理由は第一に、三角縁神獣鏡は二三九年から二六六年までの短い期間に生産されたため、一段階はわずかに数年の時間幅をもつだけで、古墳編年のものさしではすべて同時期となる。第二に、多様な二流工人がさまざまな漢鏡の要素を模倣・合成して三角縁神獣鏡をつくったため、本来は時間差を示す変異が同時に併存したり、あるいは順序を逆転してとりこまれることになった。第三に、三角縁神獣鏡はすべて入手後すぐに古墳に副葬されたわけではなく、伝世するばあいも少なくなかった。三角縁神獣鏡に先行する漢鏡7期の鏡でも、新しい段階の前期古墳から出土することが多いため、かつては三角縁神獣鏡より新しいと考えられていたほどである。

黒塚古墳

一九九八年正月、奈良県天理市の黒塚古墳から三角縁神獣鏡三三面の出土が報じられた。倭政権の中枢と考えられる大和東南部は、盗掘などによってこれまで三角縁神獣鏡の出土がきわめて少なかったが、大和《おおやまと》古墳群発掘調査委員会による黒塚古墳の学術調査で三角縁神獣鏡をふくむ副葬品の全容が明らかになったことは、前期古墳の研究に飛躍的な前進をもたらすにちがいない。

黒塚古墳は、三輪山の西麓にひろがる大和古墳群に位置し、墳丘は近世の改変をうけているが、全長約一三〇メートル、前方部を西に向けた前方後円墳である。後円部中央には北頭位の割竹形木棺をいれた内法《うちのり》の長さ約八・三メートルの長大な竪穴式石室があり、被葬者の周囲には水銀朱、そのほかの部分には赤色顔料のベンガラを塗っていた。棺内の頭の位置には画文帯神獣鏡が一面あり、棺外の北半部には三三面の三角縁神獣鏡が木棺に立てかけられた状態で出土した。その内訳は、西側に一七面、東側に一五面、北の小口に直径二四・六センチという大型の三角縁盤竜鏡が一面あり、すべて鏡面を内側に向けていた。棺外の両側には鏡に重複して鉄製の刀剣類が大量に出土し、南側には鉄製の小札甲冑《こざねかっちゅう》や工具類・土器などが発見されている。装身具類は出土していない（奈良県立橿原考古学研究所編『黒塚古墳』一九九八年）。

百家争鳴を是とするマスコミの煽動もあって、発表とともに各界からさまざまな議論がわきだした。発掘遺構や出土品は整理途中のため、詳細はまだ明らかにされていないものの、これまでに提起されたいくつかの問題について私見を述べておこう。

鏡の副葬配置

黒塚古墳では、三角縁神獣鏡のすべてが棺外の石室の周囲から出土し、棺内の画文帯神獣鏡とは明らかに区別されていた。この配置から三角縁神獣鏡はたんなる葬具であったという意見がだされた。これはおもに三角縁神獣鏡＝国産説の立場から提起され、魏から贈られたような大切な鏡ではなかったと主張する。たしかに倭人は鏡に呪術的な性格を付与し、偉大な首長の遺体を保護する目的のために一種の葬具として木棺の周囲に鏡を立て並べた可能性は大きい。しかし、北部九州の弥生後期の甕棺墓には、棺外に漢鏡や素環頭大刀を副葬する例があり、奈良県天理市東大寺山古墳から出土した「中平」紀年銘鉄大刀は、ほかの鉄武器類とともに棺外に置かれていた。これらもぞんざいな取扱いといえるのだろうか。棺外に副葬していたから倭人がそれを軽視したというのは、あまりに現代的な解釈である。

三角縁神獣鏡には、黒塚のように古墳時代初頭に副葬されたもののほか、前期末・中期初頭まで一〇〇年近く伝世したものが少なくない。中期初頭の福岡市老司古墳から出土した王氏作徐州銘四神四獣鏡は、周縁部の破片に懸垂用の穿孔《せんこう》をほどこした、弥生的な風習をのこす破鏡である。たんなる葬具であれば、製作後すぐに使用されたはずで、このような伝世や破鏡というあり方こそ、弥生時代の漢鏡と同じ意識で取扱われたことをものがたっている。三角縁神獣鏡が時に呪術的な葬具として用いられたことは否定しないが、それが葬具を目的として製作された、あるいはすべて葬具として古墳に副葬されたと考えるのはまちがいである。まして、三角縁神獣鏡の威信財としての重要性と呪術的な葬具としての使用とはけっして相反するものではなかった。

同笵鏡論の再検討

黒塚古墳の三角縁神獣鏡については、中国製か日本製かをめぐる論争に直接かかわる証拠はえられなかったが、同笵鏡論を再検討する大きな手がかりを提供することになった。

まず、黒塚には二号・二七号・三三号鏡の三面をはじめ七組一五面の鏡が同笵の関係にある。ひとつの古墳に同笵の鏡が共存している例として、京都府椿井大塚山古墳に四組九面、福岡県苅田町石塚山古墳・岡山市湯迫《ゆば》車塚《くるまづか》古墳・兵庫県新宮町吉島《よしま》古墳・京都府長岡京市長法寺南原古墳などに一組二面が知られていた。小林行雄氏が指摘するように、もし鏡が一面ずつばらばらの状態で中国からもたらされたのなら、偶然が重ならないかぎり、同笵鏡がふたたび共存するような現象は起こりえないから、それがセットにまとまった状態で倭にもたらされ、一元的に分配されたと考えるのが妥当である。とくに黒塚と椿井大塚山に同笵鏡の重複が多いのは、両古墳が鏡の分配元に近い位置にあったためであろう。

ただ、一組の同笵鏡について小林氏は五面一組を想定したが、その後の資料の増加によって修正が必要となった。いまでは九面におよぶ同笵鏡があるいっぽう、同笵のない鏡もあって、もともと同笵の面数は一定しなかったらしい。

椿井大塚山は、西は宮崎・福岡県から東は千葉・群馬県におよぶ四四基の古墳と同笵鏡を分有し、黒塚もそれとほぼ同じ範囲の三九基の古墳と同笵鏡を分有していることがわかった。かつて小林行雄氏は、椿井大塚山を中心に同笵鏡の分有関係が成立していることから、椿井大塚山の首長が各地の首長にたいして同笵鏡を配布したものと推論した。この論理にしたがえば、黒塚もまた同笵鏡の配布元と考えなければならない。しかし、それでは黒塚と椿井大塚山との間に一〇種（伝椿井大塚山古墳出土鏡をふくめれば一一種）の同笵鏡が分有されていることの説明がむずかしい。そもそも三角縁神獣鏡の数が多ければ、それに比例して同笵の数も増えるはずで、三十数面の三角縁神獣鏡を出土した両古墳が同笵鏡を多数分有し、分有関係の見かけの中心になるのは当然のことである。また、同笵鏡を分有している古墳どうしには直接の関係がなく、たとえば、椿井大塚山の獣文帯四神四獣鏡（同笵鏡二七番）は福岡県甘木市神蔵古墳や神奈川県川崎市白山古墳に同笵鏡があるけれども、九州の神蔵と関東の白山との間に直接的な関係は想定できない。一〇種の同笵鏡を分有している黒塚と椿井大塚山との間についても同じことがいえる。黒塚が発見されたいま、倭政権の頂点にあって魏から三角縁神獣鏡を贈与された倭王卑弥呼こそ、その唯一の分配者であったと考えるのが妥当であろう。つまり、「悉《ことごと》く以て汝（卑弥呼）が国中の人に示し、国家（魏）汝を哀しむを知らしむべし」という魏帝の命令にしたがい、卑弥呼みずから各地の首長にたいして三角縁神獣鏡を配分したのであり、黒塚や椿井大塚山の首長はその分配者ではなく、卑弥呼からその地位に応じて多数の三角縁神獣鏡を分配された人物だったと考えるのである。

黒塚の発見によって同笵鏡論がくずれた、という声が聞こえる。たしかに、古墳の出現年代、同笵鏡一組の面数、分配者としての椿井大塚山の位置づけについては、小林説の修正が必要である。しかし、古墳出現の歴史的意義を理論づけた同笵鏡論の根幹は、黒塚の発見によって、むしろ補強されることになった。黒塚古墳の位置する奈良盆地東南部は、都市的な性格を帯びて三世紀に突如として出現した纒向《まきむく》遺跡があり、全長二七八メートルの箸墓《はしはか》古墳をはじめとする古墳出現期の大型前方後円墳が集中していることから、初期倭政権の中枢部と考えられている。多数の三角縁神獣鏡がここから出土したことにより、前方後円墳を頂点とする古墳の規格とともに、倭政権の政治体制を表象するものとしてそれが分配されたこと、その分配者は魏から三角縁神獣鏡を贈られた倭王卑弥呼であったことが確実となった。『魏志』倭人伝に記録する邪馬台国と考古学から復元できる倭政権とが、ここに一連のものとして理解できるようになったのである。

倭政権の伸長

三世紀前半の倭政権は卑弥呼のカリスマ性に依存する寄り合い政権であり、外には狗奴《くな》国と対立するなど、政権の内外はきわめて不安定な情勢にあった。そのなかで卑弥呼が魏の威信を背景に分配した三角縁神獣鏡は、倭政権の政治活動のなかでひじょうに重要な役割を担うことになった。

魏と通交する以前の三世紀第1四半期、卑弥呼は公孫《こうそん》氏から独占的に入手した画文帯神獣鏡を分配した。最初の段階は分布が畿内に集中し、のちの段階になってそれが少しひろがるものの、卑弥呼を共立した倭政権はまだかぎられた範囲の連合体であったことがわかる。とくに北部九州の玄界灘沿岸部や狗奴国が想定される濃尾平野にほとんどそれが分布しないことは注意してよいだろう。墳丘墓の祭式はじょじょに整いつつあったが、この段階には定型化した前方後円墳はまだ成立していなかった。

画文帯神獣鏡につづく三世紀第2四半期、斜縁神獣鏡や青竜三年銘方格規矩《ほうかくきく》四神鏡をはじめとする一群の魏鏡がもたらされる。斜縁神獣鏡は前方後円墳から出土することが三角縁神獣鏡にくらべて少なく（拙稿「三角縁神獣鏡と伝世鏡」『古代を考える　古墳』一九八九年）、青竜三年銘鏡を出土した京都府大田南五号墳は小さな長方形墳（長辺一九メートル）、類似の方格規矩鏡を出土した福岡県小郡《おごおり》市津《つ》古《こ》生掛《しょうがけ》古墳は前方後円形の墳丘墓（全長三三メートル）で、ともに鏡は一面だけの出土である。この両墳は古墳時代にわずかに先行する可能性があろう。この段階の鏡の分布は画文帯《がもんたい》神獣鏡よりやや拡大しているものの、畿内に集中し、狗奴国の勢力圏に分布がなお希薄な傾向はかわらない。

　卑弥呼の晩年、三角縁神獣鏡の分配される段階に前方後円墳を頂点とする古墳の規格がはじめて整い、倭政権はいちじるしい伸長をみせる。三角縁神獣鏡はそれ以前の鏡の分布圏を大きくこえて東西に顕著にひろがり、なかでも福岡県からは計三〇面が出土し、奈良県・京都府・兵庫県についで全国第四位、画文帯神獣鏡はわずか破鏡の二点だけだったから、その変化はじつに画期的で、倭政権が対外交渉の窓口にあたる北部九州に積極的に関与しはじめたことがよくわかる。『魏志』倭人伝に「特に一大率を置き、諸国を検察せしむ」という「伊都国」にはまだ三角縁神獣鏡が確認されていないけれども、周防灘に臨む福岡県苅田町石塚山古墳は全長一一〇メートルの前方後円墳で、長さ約七メートルの長大な竪穴式石室をもち、七面以上の三角縁神獣鏡のほか、中国製の小札冑や素《そ》環頭《かんとう》大刀などの鉄武器・武具も出土している。このような武器・武具類は魏・倭の安保体制のなかで魏から供与されたものであり、三角縁神獣鏡とならぶ重要な意味をもっている。北部九州の一角にこのような前方後円墳が突如として出現したのは、倭政権が瀬戸内海を通じた北部九州への足がかりとしてこの地を重視していたからである。また、「奴国」の位置した福岡平野にも初期の前方後円墳が出現し、福岡市那珂八幡古墳（推定全長約七五メートル）に一面、筑紫野市原口古墳（全長約八〇メートル）に三面の三角縁神獣鏡があって、ともに椿井大塚山と同笵鏡を分有している。ただし、古墳の大きさや石室、三角縁神獣鏡をはじめとする副葬品の質・量からみると、倭政権での格づけが石塚山より劣っていたことは明らかである。

　画文帯神獣鏡から三角縁神獣鏡にいたる中国鏡のひろがりと前方後円墳に代表される首長墓の形成とは、倭政権がここに確立したことを雄弁にものがたっている。魏との通交が倭政権の勢力拡大に大きく作用したのである。紀元前一世紀にはじまる三〇〇年の倭国誕生物語は、これをもって擱筆することにしよう。

倭国形成史の視点——むすびにかえて

紀元前一世紀から紀元後三世紀は、倭の国ぐにが国家形成へと歩みはじめ、中国王朝と政治的な外交関係をもちはじめた時代である。倭の首長たちは中国文物、とりわけ銅鏡に高い価値を付加し、積極的に中国に朝貢してそれを獲得するとともに、それを従属する人たちに贈与することによって、政治的な威信と秩序を手に入れたのであった。

紀元後一世紀前半までの北部九州はその中心地であり、甕棺墓《かめかん》という墓制を共有しつつ、大型・中型鏡を多数保有する「伊都」や「奴《な》」の盟主のもとに階層的な秩序が形成された。一世紀後半に甕棺墓が衰退するころ、破鏡《はきょう》や仿製鏡《ぼうせい》がさかんにつくられ、周辺地域にも拡散するが、二世紀には中国鏡の減少とともに政治的な求心力を失っていった。

畿内もまた、はやくから中国文物を積極的に受容していたが、倭国大乱をへて急速に台頭してきたのが邪馬台国を盟主とする倭（ヤマト）政権である。北部九州の勢力をおさえ、二世紀末から三世紀にかけて画文帯神獣鏡《がもんたいしんじゅうきょう》、ついで三角縁神獣鏡を独占的に輸入し、それを配下の首長たちに分配するとともに、三世紀中ごろには前方後円墳を頂点とする階層的な墓制を生みだして、その統治を秩序づけた。これが三〇〇年以上におよぶ古墳時代のはじまりである。その領域は弥生時代の「伊都」や「奴」政権をはるかに凌駕するが、威信財として中国鏡を分配するシステムは三〇〇年前から本質的にかわっていない。

いっぽうの中国王朝は、楽浪の海中にある倭人にたいして特別の関心をはらい、鏡をはじめとする文物を贈与した。倭人がはじめて漢に朝貢した紀元前一世紀、漢人は倭を儒教倫理にかなう理想郷とみていたらしく、のちに漢王朝を簒奪《さんだつ》した王莽《おうもう》は大海をこえた絶域からの朝貢を政治的に演出した。北部九州から出土する前漢文物のなかに、同時期の楽浪《らくろう》郡や韓の地域にはない大型・中型鏡やガラス璧がふくまれ、鏡の数が突出して多いことは、漢王朝が倭人を特別に優遇したことをものがたっている。後漢光武帝が倭奴国王を正式に冊封《さくほう》した紀元後五七年ごろ、漢鏡の流入量はピークに達する。このなかで倭の側からは、漢人の目にかなう人間標本の「生口《せいこう》」が贈られ、一〇七年の倭国王らの朝貢ではそれが一六〇人におよんでいる。

二三九年、男女の「生口」一〇人などを奉献してきた倭王卑弥呼にたいして、魏帝は「汝があるところ、はるかに遠きも、すなわち使いを遣わして貢献」した労をねぎらい「親魏倭王」に封じるとともに、「汝が献ずる所の貢直に答う」絹織物類のほか、「銅鏡百枚」などを「特に汝に賜」わったのであった。この「銅鏡百枚」こそ、この年に特鋳がはじまった三角縁神獣鏡にほかならない。卑弥呼にたいする詔書のなかで「還り到れば録受し、悉く以て汝が国中の人に示し、国家（魏）汝を哀しむを知らしむべし。故に丁重に汝に好物を賜うなり」と明言するように、魏は貴重な文物の贈与によって倭国の安定を期待していたのである。なぜなら魏は、明帝の死去にともない斉王芳がわずか八歳で即位したばかり、対外的には呉や蜀との対立抗争や東夷諸族の侵入など緊張がつづいていたから、倭の朝貢を政治的に利用するとともに、軍事的な安全保障を確保するねらいがあった。三角縁神獣鏡には、このような魏の政治的な意図がこめられていたのである。

日本考古学の研究はますます細分化し、弥生時代と古墳時代、九州と近畿の研究領域が分断されている。鏡の研究もまた例外ではない。弥生遺跡から出土する鏡は、九州の研究者によって精力的に研究されているが、古墳時代に議論がおよぶことはほとんどなかったし、反対に、三角縁神獣鏡の議論のなかで、弥生時代の鏡はほとんどとりあげられることがなかった。時代のはざまにある漢鏡7期の鏡にいたっては、わたしが注意を喚起した一〇年前から、どれだけ研究がすすんだだろうか。倭国の形成という通時的・広域的に検討すべき課題についても、研究領域間の交流が十分に深められていないようにみえる。さいわい九州と近畿の両地に奉職した経験を生かしつつ、本書では中国から九州と近畿を等距離にみるという第三者的な視座をおくことによって、これまでにない考古学の見方が提示できたようにおもう。

中国の史書にたいしても、当時の漢人の立場から読みなおし、同源の中国鏡と対比する方法、いいかえれば、一字一句の解釈ではなく、文脈や時代背景のなかで意味を考える方法によって、国際関係について新たに検討した。いまもむかしも国際関係には双方に相応の動機があるという、きわめて当然のことだが、倭人の冊封と鏡をはじめとする文物の贈与に中国王朝の意図を読みとる視点がこれまで欠落していたようにおもわれる。『漢書』地理志の記録する前一世紀から『魏志』倭人伝の三世紀まで、大量の鏡がもたらされた背景を史書の文脈に読みとる本書の試みは、あるていど成功したのではなかろうか。

わたしの専門は中国考古学。なにしろ日本考古学や文献史学には文字どおりの門外漢、少なからざる誤解があるかもしれない。また、いまの職場には日本関係の情報があまり伝わってこないし、本務の関係でたびたび日本を留守にしているため、重大な見落としがあるかもしれない。九州大学における最後の年の講義をもとに、帰宅後の合間をみつけて断続的に書きつづること四年、その間、京都府大田南五号墳・大阪府安満宮山古墳・奈良県黒塚古墳など、相次ぐ新しい発見のたびにその成果を盛りこんでいったため、不統一のところも多々あるだろう。諸賢のご寛恕ならびにご指正をお願いしたい。

参考文献

小田富士雄『倭国を掘る』（吉川弘文館、一九九三年）
近藤喬一『三角縁神獣鏡』（東京大学出版会、一九八八年）
高倉洋彰『金印国家群の時代』（青木書店、一九九五年）
都出比呂志・山本三郎編『邪馬台国の時代』（木耳社、一九九〇年）
西嶋定生『邪馬台国と倭国』（吉川弘文館、一九九四年）
樋口隆康『三角縁神獣鏡綜鑑』（新潮社、一九九二年）
森浩一編『日本の古代1　倭人の登場』（中央公論社、一九八五年）
『椿井大塚山古墳と三角縁神獣鏡』（京都大学文学部博物館図録、一九八九年）
『倭人と鏡　日本出土中国鏡の諸問題』（埋蔵文化財研究会、一九九四年）

著者紹介

一九五七年、奈良県生まれ

一九八四年、京都大学大学院文学研究科修士課程修了

現在、京都大学人文科学研究所助教授

主要著書

世界の大遺跡9 古代中国の遺産(共著) 椿井大塚山古墳と三角縁神獣鏡(共編著) 巌窟蔵鏡(共訳) 故宮博物院13 玉器(共著)

歴史文化ライブラリー
66

三角縁神獣鏡《さんかくぶちしんじゅうきょう》の時代

一九九九年五月一日 第一刷発行

著者 岡《おか》村《むら》秀《ひで》典《のり》

発行者 吉川圭三

発行所 株式会社 吉川弘文館

東京都文京区本郷七丁目二番八号

郵便番号一一三―〇〇三三

電話〇三―三八一三―九一五一〈代表〉

振替口座〇〇一〇〇―五―二四四

印刷=平文社 製本=ナショナル製本

装幀=山崎 登

歴史文化ライブラリー

1996.10

刊行のことば

現今の日本および国際社会は、さまざまな面で大変動の時代を迎えておりますが、近づきつつある二十一世紀は人類史の到達点として、物質的な繁栄のみならず文化や自然・社会環境を謳歌できる平和な社会でなければなりません。しかしながら高度成長・技術革新にともなう急激な変貌は「自己本位な刹那主義」の風潮を生みだし、先人が築いてきた歴史や文化に学ぶ余裕もなく、いまだ明るい人類の将来が展望できていないようにも見えます。このような状況を踏まえ、よりよい二十一世紀社会を築くために、人類誕生から現在に至る「人類の遺産・教訓」としてのあらゆる分野の歴史と文化を「歴史文化ライブラリー」として刊行することといたしました。

小社は、安政四年(一八五七)の創業以来、一貫して歴史学を中心とした専門出版社として書籍を刊行しつづけてまいりました。その経験を生かし、学問成果にもとづいた本叢書を刊行し社会的要請に応えて行きたいと考えております。

現代は、マスメディアが発達した高度情報化社会といわれますが、私どもはあくまでも活字を主体とした出版こそ、ものの本質を考える基礎と信じ、本叢書をとおして社会に訴えてまいりたいと思います。これから生まれでる一冊一冊が、それぞれの読者を知的冒険の旅へと誘い、希望に満ちた人類の未来を構築する糧となれば幸いです。

吉川弘文館

〈オンデマンド版〉
三《さん》角《かく》縁《ぶち》神《しん》獣《じゅう》鏡《きょう》の時代

歴史文化ライブラリー
66

2017年（平成29）10月1日　発行

著　者　　岡《おか》　村《むら》　秀《ひで》　典《のり》
発行者　　吉　川　道　郎
発行所　　株式会社　吉川弘文館
〒113-0033　東京都文京区本郷7丁目2番8号
TEL　03-3813-9151〈代表〉
URL　http://www.yoshikawa-k.co.jp/

印刷・製本　　大日本印刷株式会社
装　幀　　清水良洋・宮崎萌美

岡村秀典（1957～）

ISBN978-4-642-75466-8